基于高中数学核心素养的解题方法研究

主　编　李瑞杰

合肥工业大学出版社

内 容 提 要

数学的基本方法是数学核心素养的体现,具有模式化和可操作性的特征,是解题的具体手段.掌握高中数学的基本解题方法,就掌握了学好高中数学的"金钥匙".

高中数学的基本方法以题目为载体,是对解题过程的归纳和总结.本书主要从高中数学的核心内容——函数与导数、数列、圆锥曲线所涉及的函数的解析式、数列的通项公式、曲线方程的解法过程中,系统地探究这些内容所蕴含的基本思想方法,这对读者开拓解题思路、灵活选择解法、破解难点内容、提高核心素养都十分有益.

图书在版编目(CIP)数据

基于高中数学核心素养的解题方法研究/李瑞杰主编.—合肥:合肥工业大学出版社,2021.8

ISBN 978-7-5650-5386-3

Ⅰ.①基… Ⅱ.①李… Ⅲ.①中学数学课—高中—题解 Ⅳ.①G634.605

中国版本图书馆 CIP 数据核字(2021)第 146339 号

基于高中数学核心素养的解题方法研究

主编 李瑞杰　　　责任编辑 汪 钵　　　策划编辑 储国斌

出　版	合肥工业大学出版社	版　次	2021 年 8 月第 1 版
地　址	合肥市屯溪路 193 号	印　次	2021 年 8 月第 1 次印刷
邮　编	230009	开　本	787 毫米×1092 毫米　1/16
电　话	理工图书出版中心:0551-62903004	印　张	6.5
	营销与储运管理中心:0551-62903198	字　数	130 千字
网　址	www.hfutpress.com.cn	印　刷	安徽昶颉包装印务有限责任公司
E-mail	hfutpress@163.com	发　行	全国新华书店

ISBN 978-7-5650-5386-3　　　　　　　　　定价:35.80 元

编 委 会

主　　编　李瑞杰

副 主 编　陈俊鹏

编　　委　汪智源　朱长友　宫尚富

　　　　　徐积松　杨山水　翟　媛

前　　言

　　数学是什么？恩格斯对它做出如下概括：数学是现实世界的数量关系及空间形式的科学．数学的应用十分广泛，它既涉及浩渺无垠的宏观世界，也探讨如原子模型类的微观世界，数学曾经被人誉为"了解宇宙的最重要方法，打开原子奥秘的'钥匙'，自然科学的'领队'"，它的应用渗透到科学研究和生产劳动的各个领域，很多高新技术从根本上取决于控制，这完全靠数学模型．因此，我国著名数学家华罗庚先生由衷赞叹道："大哉数学之为用！"

　　每一个数学问题，从辩证法的观点来看就是一个矛盾，矛盾的双方分别是已知条件和求解的未知部分．解题方法就是使矛盾双方得以互相转化的"杠杆"．本书分三个部分介绍了数学解题的一些方法，包含例题与解答、变式练习等．本书按照学生的认知规律编排，由易到难，循序渐进，略有拓展，有利于读者系统地掌握学科核心素养，也可供中学数学教师教学参考．

　　人们对物质世界规律的认识是逐步完善而又不可穷尽的，浩如烟海的数学问题正等待着我们去解答．由于编写者水平、能力和精力有限，本书难免存在错误或不当之处，敬请广大读者朋友批评指正！

编　者

2021 年 2 月

目　　录

第一章　　求函数的解析式

函数是描述客观世界变化规律的数学模型,它有多种表示方法,最常见的是解析式法、列表法和图像法.解析式法就是用数学表达式表示两个变量之间的对应关系,无论在函数研究还是在数学的实际应用中,解析式法都是很实用的方法.

自然界中有许多变量之间的关系,有时不便于用解析式来表达,或者用解析式来表述过于复杂,在这种情况下,我们可以尝试用图像法和列表法等其他方法来表示.

用解析式表示函数关系时,关键在于熟练掌握确定函数解析式的方法.

第 一 节　　待 定 系 数 法

待定系数法的主要理论依据是多项式的恒等变形,即两个多项式恒等的充要(等价)条件是它们变量的任何同次幂的系数相等.

待定系数法求解析式的步骤如下:

第一步,找出函数的表示形式,系数设为待定常数.

第二步,由恒等原理列出含待定系数的方程(或方程组).

第三步,解方程(或解方程组求出待定常数).

第四步,将待定系数代入函数表达式,得到解析式,若方程(或方程组)无解,则解析式不存在.

例 1　已知 $f(x)$ 是一次函数,且满足 $2f(x+1)-3f(x-1)=2x+10$,求 $f(x)$ 的解析式.

解:　设 $f(x)=kx+b$ $(k\neq 0)$,则 $2f(x+1)-3f(x-1)=2[k(x+1)+b]-3[k(x-1)+b]=-kx+5k-b=2x+10$,所以 $\begin{cases}k=-2,\\5k-b=10,\end{cases}$ 解得 $\begin{cases}k=-2,\\b=-20,\end{cases}$ 因此,$f(x)=-2x-20$.

例 2　(1) 已知 $f(x)$ 是一次函数,若 $f[f(x)]=16x+5$,求 $f(x)$.

(2) 已知 $f(x)$ 是二次函数且 $f(0)=3$，$f(x+2)-f(x)=8x+8$，求 $f(x)$.

分析：(1) 由题意，设 $f(x)=ax+b$，代入 $f[f(x)]$ 中，利用多项式相等、对应系数相等，求出 a,b 的值即可；(2) 由题意，设 $f(x)=ax^2+bx+c$，表示出 $f(0)=3$，$f(x+2)-f(x)=8x+8$，利用待定系数法求解即可.

解：(1) 因为 $f(x)$ 是一次函数，所以设 $f(x)=ax+b(a\neq 0)$，则 $f[f(x)]=f[ax+b]=a(ax+b)+b=a^2x+ab+b$. 又因为 $f[f(x)]=16x+5$，所以 $a^2x+ab+b=16x+5$，即 $\begin{cases}a^2=16,\\ab+b=5,\end{cases}$ 解得 $\begin{cases}a=4\\b=1\end{cases}$ 或 $\begin{cases}a=-4,\\b=-\dfrac{5}{3},\end{cases}$ 所以 $f(x)=4x+1$ 或 $f(x)=-4x-\dfrac{5}{3}$.

(2) 因为 $f(x)$ 为二次函数，所以设 $f(x)=ax^2+bx+c(a\neq 0)$，因为 $f(0)=3$，所以 $c=3$. 又因为 $f(x+2)-f(x)=8x+8$，即 $a(x+2)^2+b(x+2)+3-ax^2-bx-3=8x+8$，解得 $a=2,b=0$，所以 $f(x)$ 的解析式为 $f(x)=2x^2+3$.

例 3 已知二次函数 $y=f(x)$ 满足 $f(x-3)=f(-x-3)$，且图像在 y 轴上的截距为 1，被 x 轴截得的线段长为 4，求函数 $y=f(x)$ 的解析式.

分析：二次函数的解析式有三种形式.

(1) 一般式：$f(x)=ax^2+bx+c(a\neq 0)$.

(2) 顶点式：$f(x)=a(x-h)^2+k$，其中 $a\neq 0$，点 (h,k) 为函数的顶点.

(3) 双根式：$f(x)=a(x-x_1)(x-x_2)$，其中 $a\neq 0$，x_1 与 x_2 是方程 $f(x)=0$ 的两个根.

解法 1：设 $f(x)=ax^2+bx+c(a\neq 0)$，则由 y 轴上的截距为 1 知 $f(0)=1$，即 $c=1$，所以 $f(x)=ax^2+bx+1$. 由 $f(x-3)=f(-x-3)$ 可知 $a(x-3)^2+b(x-3)+1=a(-x-3)^2+b(-x-3)+1$，整理得 $2(6a-b)x=0$，即 $6a-b=0$. 由被 x 轴截得的线段长为 4 可知，$|x_1-x_2|=4$，即 $(x_1-x_2)^2=(x_1+x_2)^2-4x_1x_2=16$，得 $\left(-\dfrac{b}{a}\right)^2-\dfrac{4}{a}=16$，整理得 $b^2-4a=16a^2$. 联立 $\begin{cases}6a-b=0,\\b^2-4a=16a^2,\end{cases}$ 得 $a=\dfrac{1}{5},b=\dfrac{6}{5}$，所以 $f(x)=\dfrac{1}{5}x^2+\dfrac{6}{5}x+1$.

解法 2：由 $f(x-3)=f(-x-3)$ 可知二次函数对称轴为 $x=-3$，所以设 $f(x)=a(x+3)^2+k(a\neq 0)$，以下略.

解法 3：由 $f(x-3)=f(-x-3)$ 可知二次函数对称轴为 $x=-3$，由被 x 轴截得的线段长为 4 可知 $|x_1-x_2|=4$，易知函数与 x 轴的两个交点分别为 $(-5,0)$ 和 $(-1,0)$，所以设 $f(x)=a(x+5)(x+1)(a\neq 0)$，以下略.

例 4 已知二次函数 $f(x)$ 的二次项系数为 a，且不等式 $f(x)>-2x$ 的解集为 $(1,3)$，方程 $f(x)+6a=0$ 有两个相等的实根，求 $f(x)$ 的解析式.

解：因为 $f(x)+2x>0$ 的解集为 $(1,3)$，所以 $f(x)=a(x-1)(x-3)-2x=ax^2-(2+4a)x+3a$①，由方程 $f(x)+6a=0$ 得 $ax^2-(2+4a)x+9a=0$②．因为方程 ② 有两个相等的实根，所以 $\Delta=[-(2+4a)]^2-4a\cdot 9a=0$，即 $5a^2-4a-1=0$，解得 $a=1$ 或 $a=-\dfrac{1}{5}$．又因为 $a<0$，所以 $a=-\dfrac{1}{5}$，将 $a=-\dfrac{1}{5}$ 代入 ① 得 $f(x)=-\dfrac{1}{5}x^2-\dfrac{6}{5}x-\dfrac{3}{5}$．

例 5　二次函数 $f(x)=ax^2+bx+c$ 的图像过点 $(-1,0)$，且 $x\leqslant f(x)\leqslant \dfrac{1}{2}x^2+\dfrac{1}{2}$ 恒成立，求函数 $y=f(x)$ 的解析式．

解：因为二次函数 $f(x)=ax^2+bx+c$ 的图像过点 $(-1,0)$，所以 $a-b+c=0$①，又因为 $x\leqslant f(x)\leqslant \dfrac{1}{2}x^2+\dfrac{1}{2}$ 恒成立，所以 $1\leqslant f(1)\leqslant 1$，即 $f(1)=a+b+c=1$②．由①②得 $b=\dfrac{1}{2}$，$a+c=\dfrac{1}{2}$，所以 $f(x)=ax^2+\dfrac{1}{2}x+\dfrac{1}{2}-a$，则 $x\leqslant ax^2+\dfrac{1}{2}x+\dfrac{1}{2}-a\leqslant \dfrac{1}{2}x^2+\dfrac{1}{2}$ 对

$\forall x\in\mathbf{R}$ 成立，即 $\begin{cases} ax^2+\dfrac{1}{2}x+\dfrac{1}{2}-a\geqslant x, \\ ax^2+\dfrac{1}{2}x+\dfrac{1}{2}-a\leqslant \dfrac{x^2+1}{2} \end{cases}$ 对 $\forall x\in\mathbf{R}$ 成立，所以

$\begin{cases} ax^2-\dfrac{1}{2}x+\dfrac{1}{2}-a\geqslant 0, \\ (1-2a)x^2-x+2a\geqslant 0 \end{cases}$ 对 $\forall x\in\mathbf{R}$ 成立，所以 $\begin{cases} \Delta_1=\dfrac{1}{4}-4a\left(\dfrac{1}{2}-a\right)\leqslant 0, \\ a>0, \\ \Delta_2=1-8a(1-2a)\leqslant 0, \\ 1-2a>0, \end{cases}$ 解得 $a=\dfrac{1}{4}$，所

以 $f(x)=\dfrac{1}{4}x^2+\dfrac{1}{2}x+\dfrac{1}{4}$．

例 6　已知函数 $g(x)=\dfrac{ax^2-3}{bx}$，$g(1)=1$，$g(2)=5$．

（1）求函数 $g(x)$ 的解析式；

（2）求函数 $g(x)$ 在 $[-2,-1]$ 上的值域．

解：（1）由 $g(1)=1$，$g(2)=5$，得 $\dfrac{a-3}{b}=1$，$\dfrac{4a-3}{2b}=5$，所以 $a=\dfrac{9}{2}$，$b=\dfrac{3}{2}$，所以 $g(x)=\dfrac{3x^2-2}{x}$．

（2）因为 $g(x)=\dfrac{3x^2-2}{x}=3x-\dfrac{2}{x}$ 在 $[-2,-1]$ 上是增函数，$g(-2)=-5$，$g(-1)=-1$，所以 $g(x)$ 的值域为 $[-5,-1]$．

例 7　已知函数 $f(x)=\dfrac{a\cdot 3^x-1}{3^x+1}$ 的图像经过点 $\left(1,\dfrac{1}{2}\right)$.

（1）求 a 的值；

（2）求函数 $f(x)$ 的定义域和值域；

（3）证明：函数 $f(x)$ 是奇函数.

分析：（1）根据函数 $f(x)$ 的图像过点 $\left(1,\dfrac{1}{2}\right)$，利用 $f(1)=\dfrac{1}{2}$ 即可求解.

（2）由（1）知 $f(x)=\dfrac{3^x-1}{3^x+1}$，根据 $3^x\in(0,+\infty)$，得 $\dfrac{2}{3^x+1}\in(0,2)$，进而求解函数的值域.

（3）利用函数奇偶性的定义，即可判定函数为奇函数.

解：（1）由题意知，函数 $f(x)$ 的图像过点 $\left(1,\dfrac{1}{2}\right)$，可得 $f(1)=\dfrac{3a-1}{4}=\dfrac{1}{2}$，解得 $a=1$.

（2）由（1）知 $f(x)=\dfrac{3^x-1}{3^x+1}$，因为 $3^x>0,3^x+1>1$，即 $f(x)$ 的定义域为 **R**.

因为 $f(x)=\dfrac{3^x-1}{3^x+1}=1-\dfrac{2}{3^x+1}$，又因为 $3^x\in(0,+\infty)$，所以 $\dfrac{2}{3^x+1}\in(0,2)$，所以 $f(x)$ 的值域为 $(-1,1)$.

（3）因为 $f(x)$ 的定义域为 **R**，$f(-x)=\dfrac{3^{-x}-1}{3^{-x}+1}=\dfrac{1-3^x}{1+3^x}=-f(x)$，所以 $f(x)$ 是奇函数.

例 8　已知函数 $f(x)=\lg(ax-2)$ 的图像经过定点 $(3,0)$.

（1）求 a 的值；

（2）设 $f(4)=m$，$f(9)=n$，求 $\log_{14}28$（用 m,n 表示）.

解：（1）由已知得 $3a-2=1$，则 $a=1$.

（2）由（1）得 $f(x)=\lg(x-2)$，则 $f(4)=\lg 2=m$，$f(9)=\lg 7=n$，所以 $\log_{14}28=\dfrac{\lg 28}{\lg 14}=\dfrac{2\lg 2+\lg 7}{\lg 2+\lg 7}=\dfrac{2m+n}{m+n}$.

例 9　已知幂函数 $f(x)=(m-1)^2 x^{m^2-\frac{7}{2}m+2}$ 在 $(0,+\infty)$ 上单调递增，函数 $g(x)=2^x-k$.

（1）求 m 的值；

（2）当 $x\in[1,3)$ 时，记 $f(x)$，$g(x)$ 的值域分别为集合 A,B，设 $p:x\in A$，$q:x\in B$，若 p 是 q 成立的必要条件，求实数 k 的取值范围.

分析：（1）根据 $f(x)$ 为幂函数可知 $(m-1)^2=1$，求得 m 的值，将 m 的值代入 $m^2-\dfrac{7}{2}m+2$

中,判断 $f(x)$ 的单调性即可求出 m 的值.

(2)由 p 是 q 成立的必要条件可知 $B\subseteq A$,所以分别求 $f(x)$ 和 $g(x)$ 的值域,根据子集的关系建立 k 的不等式,即可求得 k 的范围.

解:(1)依题意得,$(m-1)^2=1$,则 $m=0$ 或 $m=2$.

当 $m=2$ 时,$f(x)=\dfrac{1}{x}$ 在 $(0,+\infty)$ 上单调递减,与题设矛盾,舍去,所以 $m=0$.

(2)由(1)得,$f(x)=x^2$,当 $x\in[1,3)$ 时,$f(x)\in[1,9)$,即 $A=[1,9)$.

当 $x\in[1,3)$ 时,$g(x)\in[2-k,8-k)$,即 $B=[2-k,8-k)$.

因为 p 是 q 成立的必要条件,则 $B\subseteq A$,则 $\begin{cases}2-k\geqslant 1,\\ 8-k\leqslant 9,\end{cases}$ 解得 $-1\leqslant k\leqslant 1$. 所以实数 k 的取值范围为 $[1,1]$.

例 10 图 $1-1$ 是函数 $y=A\sin(\omega x+\varphi)\left(A>0,\omega>0,|\omega|<\dfrac{\pi}{2}\right)$ 的图像,求 A,ω,φ 的值,并确定其函数解析式.

分析:由函数的图像求出振幅 A,由函数图像的周期求出 ω 的值,由函数的图像经过点 $\left(-\dfrac{\pi}{6},0\right)$ 求出 φ 的值,即得函数的解析式.

解:由图像知振幅 $A=3$,又因为 $T=\dfrac{5\pi}{6}-\left(-\dfrac{\pi}{6}\right)=\pi$,

所以 $\omega=\dfrac{2\pi}{T}=2$.

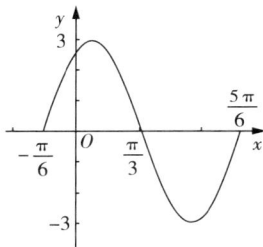

图 $1-1$ 函数 $y=A\sin(\omega x+\varphi)$ 的图像(1)

由点 $\left(-\dfrac{\pi}{6},0\right)$ 可知,$-\dfrac{\pi}{6}\times 2+\varphi=2k\pi,k\in\mathbf{Z}$,所以

$\varphi=\dfrac{\pi}{3}+2k\pi,k\in\mathbf{Z}$. 又因为 $|\varphi|<\dfrac{\pi}{2}$,得 $\varphi=\dfrac{\pi}{3}$,所以 $y=3\sin\left(2x+\dfrac{\pi}{3}\right)$.

利用图像求正弦型函数 $y=A\sin(\omega x+\varphi)+b(A>0,\omega>0)$ 的解析式的基本步骤如下:

(1)求 A,b:$A=\dfrac{y_{\max}-y_{\min}}{2}$,$b=\dfrac{y_{\max}+y_{\min}}{2}$.

(2)求 ω:根据图像得出函数的周期 T,由此得出 $\omega=\dfrac{2\pi}{T}$.

(3)求初相 φ:代入顶点或平衡点的坐标求得 φ 值,但由于满足条件的 φ 不唯一,通常取 $|\varphi|$ 最小的一个作为 φ 值,同时要注意所取的 φ 值是否满足图像的其他特征,一般用两个条件控制 φ 的取值. 此方法实质是描点法作图的逆向考查,解题时要充分运用数形结合的思想.

例 11 已知向量 $\boldsymbol{a}=(\cos^2\omega x-\sin^2\omega x,\sin\omega x)$,$\boldsymbol{b}=(\sqrt{3},2\cos\omega x)$,设函数 $g(x)=$

$\boldsymbol{a} \cdot \boldsymbol{b}(x \in \mathbf{R})$ 的图像关于直线 $x = \frac{\pi}{2}$ 对称,其中 ω 为常数,且 $\omega \in (0,1)$.

(1) 求函数 $g(x)$ 的最小正周期和单调递增区间;

(2) 若将 $y = g(x)$ 图像上各点的横坐标变为原来的 $\frac{1}{6}$,再将所得图像向右平移 $\frac{\pi}{3}$ 个单位,纵坐标不变,得到 $y = h(x)$ 的图像,若关于 x 的方程 $h(x) + k = 0$ 在 $\left[0, \frac{\pi}{2}\right]$ 上有且只有一个实数解,求实数 k 的取值范围.

分析:(1) 先利用平面向量的数量积定义、二倍角公式、辅助角公式得 $g(x) = 2\sin\left(2\omega x + \frac{\pi}{3}\right)$,利用对称性求出 ω,再利用三角函数的性质进行求解.

(2) 先利用三角函数图像变换得到 $h(x) = 2\sin\left(2x - \frac{\pi}{3}\right)$,再令 $2x - \frac{\pi}{3} = t$,利用三角函数的图像和数形结合思想进行求解.

解:(1)$g(x) = \boldsymbol{a} \cdot \boldsymbol{b} = \sqrt{3}\left(\cos^2 \omega x - \sin^2 \omega x\right) + 2\sin \omega x \cos \omega x = \sqrt{3}\cos 2\omega x + \sin 2\omega x = 2\sin\left(2\omega x + \frac{\pi}{3}\right)$,因为直线 $x = \frac{\pi}{2}$ 是 $g(x)$ 的图像的一条对称轴,所以 $\pi \omega + \frac{\pi}{3} = k\pi + \frac{\pi}{2}(k \in \mathbf{Z})$,即 $\omega = k + \frac{1}{6}(k \in \mathbf{Z})$,又因为 $\omega \in (0,1)$,所以 $\omega = \frac{1}{6}$,$g(x) = 2\sin\left(\frac{1}{3}x + \frac{\pi}{3}\right)$,所以 $T = 6\pi$,令 $-\frac{\pi}{2} + 2k\pi \leqslant \frac{1}{3}x + \frac{\pi}{3} \leqslant \frac{\pi}{2} + 2k\pi, k \in \mathbf{Z}$,得 $-\frac{5\pi}{2} + 6k\pi \leqslant x \leqslant \frac{\pi}{2} + 6k\pi, k \in \mathbf{Z}$,即函数 $g(x)$ 的单调递增区间为 $\left[-\frac{5\pi}{2} + 6k\pi, \frac{\pi}{2} + 6k\pi\right], k \in \mathbf{Z}$.

(2) 由(1)得 $g(x) = 2\sin\left(\frac{1}{3}x + \frac{\pi}{3}\right)$,将 $y = g(x)$ 图像上各点的横坐标变为原来的 $\frac{1}{6}$,再将所得图像向右平移 $\frac{\pi}{3}$ 个单位,纵坐标不变,得到 $y = 2\sin\left(2x - \frac{\pi}{3}\right)$ 的图像,所以 $h(x) = 2\sin\left(2x - \frac{\pi}{3}\right)$. 令 $2x - \frac{\pi}{3} = t$,因为 $0 \leqslant x \leqslant \frac{\pi}{2}$,所以 $-\frac{\pi}{3} \leqslant t \leqslant \frac{2\pi}{3}$,方程 $h(x) + k = 0$ 在 $\left[0, \frac{\pi}{2}\right]$ 上有且只有一个实数解,即方程 $2\sin t + k = 0$ 在 $\left[-\frac{\pi}{3}, \frac{2\pi}{3}\right]$ 上有且只有一个实数解,亦即 $y = 2\sin t, t \in \left[-\frac{\pi}{3}, \frac{2\pi}{3}\right]$ 的图像与直线 $y = -k$ 有且只有一个交点. 画出图像分析可知 $-\sqrt{3} \leqslant -k < \sqrt{3}$ 或 $-k = 2$,即 $-\sqrt{3} < k \leqslant \sqrt{3}$ 或 $k = -2$,故实数 k 的取值范围是 $\{k \mid -\sqrt{3} < k \leqslant \sqrt{3}$ 或 $k = -2\}$.

例 12 已知函数 $f(x) = ax^3 - \frac{3}{2}bx^2 + 2x - 9$ 的单调递减区间为 $(1,2)$,求 $y = f(x)$ 解析式.

解：因为 $f'(x)=3ax^2-3bx+2$，函数 $f(x)=ax^3-\dfrac{3}{2}bx^2+2x-9$ 的单调递减区间为

$(1,2)$，所以不等式 $f'(x)=3ax^2-3bx+2<0$ 的解集为 $(1,2)$，即方程 $3ax^2-3bx+2=0$ 的

两个根分别为 1 和 2，所以 $\begin{cases} 1+2=-\dfrac{-3b}{3a}, \\ 1\times2=\dfrac{2}{3a}, \end{cases}$ 解得 $\begin{cases} a=\dfrac{1}{3} \\ b=1, \end{cases}$ 所以 $f(x)=\dfrac{1}{3}x^3-\dfrac{3}{2}x^2+2x-9$.

【方法总结】

待定系数法是中学数学基本解题方法，只要明确函数类型，便可设出其函数解析式．例如，$f(x)$ 为一次函数，可设 $f(x)=ax+b(a\neq0)$；$f(x)$ 为反比例函数，可设 $f(x)=\dfrac{k}{x}(k\neq0)$；$f(x)$ 为二次函数，可设三种形式：一般式 $f(x)=ax^2+bx+c$，顶点式 $f(x)=a(x-h)^2+k$，双根式 $f(x)=a(x-x_1)(x-x_2)(a$ 均大于 $0)$；$f(x)$ 为指数型函数，可设 $f(x)=ka^x+b$；$f(x)$ 为对数型函数，可设 $f(x)=k\log_a x+h$．根据条件，选择恰当形式，可以简化运算，如例 1 至例 4．或者是已经给出了带系数的函数解析式，可根据已知条件求出其系数，从而得到结果，如例 6 至例 12．例 5 是利用两边夹求出待定系数．

【变式练习】

变式练习 1　已知一次函数 $y=g(x)$ 满足 $g[g(x)]=4x+3$，求 $y=g(x)$ 的解析式．

解：设 $g(x)=ax+b(a\neq0)$，则 $g[g(x)]=ag(x)+b=a(ax+b)+b=a^2x+ab+b$，又因为 $g[g(x)]=4x+3$，所以 $a^2x+ab+b=4x+3$ 对 $\forall x\in\mathbf{R}$ 成立，所以 $\begin{cases} a^2=4, \\ ab+b=3, \end{cases}$ 解得

$\begin{cases} a=2 \\ b=1 \end{cases}$ 或 $\begin{cases} a=-2, \\ b=-3, \end{cases}$ 所以 $g(x)=2x+1$ 或 $g(x)=-2x-3$．

变式练习 2　求一次函数 $f(x)$，使得 $f\{f[f(x)]\}=x+9$．

解：设一次函数为 $f(x)=ax+b(a\neq0)$，则 $f[f(x)]=a(ax+b)+b=a^2x+ab+b$，$f\{f[f(x)]\}=a(a^2x+ab+b)+b=a^3x+a^2b+ab+b$．由已知可得 $a^3x+a^2b+ab+b=x+$

9，比较系数得 $\begin{cases} a^3=1, \\ a^2b+ab+b=9, \end{cases}$ 解得 $\begin{cases} a=1, \\ b=3, \end{cases}$ 所以 $f(x)=x+3$．

变式练习 3　已知 $g(x)$ 是二次函数，若 $g(0)=0$ 且 $g(x+1)=g(x)+x+1$，试求 $g(x)$ 的表达式．

解： 设 $g(x)=ax^2+bx+c(a\neq 0)$，由 $g(0)=0$ 得 $c=0$，由 $g(x+1)=g(x)+x+1$ 得 $a(x+1)^2+b(x+1)+c=ax^2+bx+c+x+1$，整理得 $ax^2+(2a+b)x+a+b+c=ax^2+$

$(b+1)x+c+1$，得 $\begin{cases} 2a+b=b+1, \\ a+b+c=c+1, \\ c=0, \end{cases}$ 所以得 $\begin{cases} a=\dfrac{1}{2}, \\ b=\dfrac{1}{2}, \\ c=0, \end{cases}$ 所以 $g(x)=\dfrac{1}{2}x^2+\dfrac{1}{2}x$.

变式练习4 已知函数 $g(x)=x^2+bx+c$，$|x|\leqslant 1$，且 $g(x)_{\max}=\dfrac{1}{2}$，求函数 $y=g(x)$ 的解析式.

解： 因为 $g(x)=x^2+bx+c$，$|x|\leqslant 1$，且 $g(x)_{\max}=\dfrac{1}{2}$，所以 $\begin{cases} |g(0)|\leqslant\dfrac{1}{2}, \\ |g(1)|\leqslant\dfrac{1}{2}, \\ |g(-1)|\leqslant\dfrac{1}{2}, \end{cases}$ 即

$\begin{cases} -\dfrac{1}{2}\leqslant c\leqslant\dfrac{1}{2}, \\ -\dfrac{1}{2}\leqslant 1+b+c\leqslant\dfrac{1}{2}, \\ -\dfrac{1}{2}\leqslant 1-b+c\leqslant\dfrac{1}{2}, \end{cases}$ 由后两个式子可知 $-\dfrac{3}{2}\leqslant c\leqslant-\dfrac{1}{2}$，所以 $c=-\dfrac{1}{2}$，代入得

$\begin{cases} -1\leqslant b\leqslant 0, \\ 0\leqslant b\leqslant 1, \end{cases}$ 所以 $b=0$，所以 $g(x)=x^2-\dfrac{1}{2}$，经验证符合题意.

变式练习5 设函数 $f(x)=ax^2+bx$，$a,b\in\mathbf{R}$，若 $-4x^2-2\leqslant f(x)\leqslant 8x+2$ 对任意 $x\in\mathbf{R}$ 成立，求函数 $f(x)$ 的解析式.

解： 令 $-4x^2-2=8x+2$，则 $x=-1$，所以 $-6\leqslant f(-1)\leqslant-6$，则 $f(-1)=-6$. 又因为 $f(x)=ax^2+bx$，则 $f(-1)=a-b=-6$，即 $a=b-6$，所以 $f(x)=(b-6)x^2+bx\leqslant 8x+2$ 对任意 $x\in\mathbf{R}$ 成立，即 $(b-6)x^2+(b-8)x-2\leqslant 0$，则 $\begin{cases} b-6<0, \\ \Delta=(b-8)^2+8(b-6)\leqslant 0, \end{cases}$ 整理得

$\begin{cases} b-6<0, \\ (b-4)^2\leqslant 0, \end{cases}$ 所以 $b=4$，则 $a=-2$，所以 $f(x)=-2x^2+4x$.

变式练习6 若指数函数 $f(x)=a^x(a>0,a\neq 1)$ 在区间 $[1,2]$ 上的最大值是最小值的 2 倍，求实数 a 的值.

解： 当 $0<a<1$ 时，$f(x)=a^x$ 在 $[1,2]$ 上为减函数，则函数 $f(x)$ 的最小值为 a^2，最大值

为 a,故 $a=2a^2$,解得 $a=\dfrac{1}{2}$ 或 $a=0$(舍去);

当 $a>1$ 时,$f(x)=a^x$ 在 $[1,2]$ 上为增函数,则函数 $f(x)$ 的最小值为 a,最大值为 a^2,故 $a^2=2a$,解得 $a=2$ 或 $a=0$(舍去).

综上,$a=\dfrac{1}{2}$ 或 $a=2$.

变式练习7　已知函数 $f(x)=\lg(ax-3)$ 的图像经过定点 $(4,0)$.

(1) 求 a 的值;

(2) 设 $f(6)=m$,$f(10)=n$,求 $\log_{21}63$(用 m,n 表示).

解:(1) 由已知得 $4a-3=1$,则 $a=1$.

(2) 由(1)得 $f(x)=\lg(x-3)$,则 $f(6)=\lg 3=m$,$f(10)=\lg 7=n$,所以 $\log_{21}63=\dfrac{\lg 63}{\lg 21}=\dfrac{2\lg 3+\lg 7}{\lg 3+\lg 7}=\dfrac{2m+n}{m+n}$.

变式练习8　已知函数 $y=A\sin(\omega x+\varphi)\left(A>0,\omega>0,0<\varphi<\dfrac{\pi}{2}\right)$ 的图像如图 $1-2$ 所示.

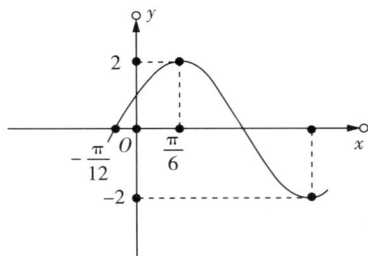

图 $1-2$　函数 $y=A\sin(\omega x+\varphi)$ 的图像(2)

(1) 求这个函数的解析式,并指出它的振幅和初相;

(2) 求函数在区间 $\left[-\dfrac{\pi}{2},-\dfrac{\pi}{12}\right]$ 上的最大值和最小值,并指出取得最值时 x 的值.

分析:(1) 根据图像写出 A,由周期求出 ω,再由点 $\left(\dfrac{\pi}{6},2\right)$ 确定 φ 的值.

(2) 根据 x 的取值范围确定 $2x+\dfrac{\pi}{6}$ 的取值范围,再由 $y=2\sin t$ 的单调性求出最值.

解:　(1) 由图像知,函数的最大值为 2,最小值为 -2,所以 $A=2$,又因为 $\dfrac{T}{4}=\dfrac{\pi}{6}-\left(-\dfrac{\pi}{12}\right)$,所以 $T=\pi$,$\dfrac{2\pi}{\omega}=\pi$,所以 $\omega=2$,所以函数的解析式为 $y=2\sin(2x+\varphi)$,因为函数的图

像经过点 $\left(\dfrac{\pi}{6},2\right)$，所以 $2\sin\left(\dfrac{\pi}{3}+\varphi\right)=2$，所以 $\sin\left(\varphi+\dfrac{\pi}{3}\right)=1$，又因为 $0<\varphi<\dfrac{\pi}{2}$，所以 $\varphi=\dfrac{\pi}{6}$，故函数的解析式为 $y=2\sin\left(2x+\dfrac{\pi}{6}\right)$，其振幅是 2，初相是 $\dfrac{\pi}{6}$.

(2) 因为 $x\in\left[-\dfrac{\pi}{2},-\dfrac{\pi}{12}\right]$，所以 $2x+\dfrac{\pi}{6}\in\left[-\dfrac{5\pi}{6},0\right]$.

当 $2x+\dfrac{\pi}{6}=0$，即 $x=-\dfrac{\pi}{12}$ 时，函数取得最大值，最大值为 0；

当 $2x+\dfrac{\pi}{6}=-\dfrac{\pi}{2}$，即 $x=-\dfrac{\pi}{3}$ 时，函数取得最小值，最小值为 -2.

变式练习9 已知函数 $g(x)=\ln(x+1)-2x-g'(0)x^2+9$.

(1) 求 $g(x)$ 的解析式；

(2) 求 $g(x)$ 的减区间.

解：(1) $g'(x)=\dfrac{1}{x+1}-2-2g'(0)x$，所以 $x=0$，得 $g'(0)=-1$，所以 $g(x)=\ln(x+1)-2x+x^2+9$，$g'(x)=\dfrac{1}{x+1}+2x-2=\dfrac{2x^2-1}{x+1}$，由 $g'(x)<0$ 得 $-\dfrac{\sqrt{2}}{2}<x<\dfrac{\sqrt{2}}{2}$，所以 $g(x)$ 的减区间为 $\left(-\dfrac{\sqrt{2}}{2},\dfrac{\sqrt{2}}{2}\right)$.

第二节　换元法

引入一个或几个新的变量，去替换原题中的变量，通过变形、化简，最后得到所求的函数解析式，这种方法叫换元法.

例1 已知 $f(2x+1)=x^2-4x$，则 $f(x)=$ _____ .

解：令 $2x+1=t$，则 $x=\dfrac{t-1}{2}$，$f(t)=\left(\dfrac{t-1}{2}\right)^2-4\times\dfrac{t-1}{2}=\dfrac{t^2-2t+1}{4}-\dfrac{8t-8}{4}=\dfrac{t^2-10t+9}{4}$，所以 $f(x)=\dfrac{1}{4}x^2-\dfrac{5}{2}x+\dfrac{9}{4}$.

例2 若函数 $f(x-2)=x^2-x+1$，则 $f(x+2)=$ _____ .

解：设 $x-2=t$，则 $x=t+2$，则 $f(t)=(t+2)^2-(t+2)+1=t^2+3t+3$，即 $f(x)=x^2+3x+3$，所以 $f(x+2)=(x+2)^2+3(x+2)+3=x^2+7x+13$.

例3 已知 $f(\log_3 x)=x^2$，则 $f(x)=$ _____ .

分析：$f(\log_3 x)=x^2$，令 $\log_3 x=t(t\in\mathbf{R})$，解得 $x=3^t$，代入化简即可得出.

解：$f(\log_3 x)=x^2$，令 $\log_3 x=t(t\in\mathbf{R})$，解得 $x=3^t$，则 $f(t)=(3^t)^2=3^{2t}=9^t$，把 t 换成 x，

可得 $f(x) = 9^x$.

例 4　已知 $f(\sqrt{x}+1) = x + 2\sqrt{x}$，求 $f(x+3)$.

解：令 $t = \sqrt{x}+1$，则 $t \geqslant 1$，$x = (t-1)^2$，$f(\sqrt{x}+1) = x + 2\sqrt{x}$，所以 $f(t) = (t-1)^2 + 2(t-1) = t^2 - 1$，所以 $f(x) = x^2 - 1(x \geqslant 1)$，所以 $f(x+3) = (x+3)^2 - 1 = x^2 + 6x + 8(x \geqslant -2)$.

例 5　已知 $g(x-1) = x^2 - 4x$，解方程 $g(x+1) = 0$.

分析：如何由 $g(x-1)$ 求出 $g(x+1)$ 是解答此题的关键.

解法 1：令 $x - 1 = t + 1$，则 $x = t + 2$，所以 $g(t+1) = (t+2)^2 - 4(t+2) = t^2 - 4$，所以 $g(x+1) = x^2 - 4$，所以 $x^2 - 4 = 0$，所以 $x = \pm 2$.

解法 2：$g(x-1) = x^2 - 4x$，所以 $g(x+1) = g[(x+2)-1] = (x+2)^2 - 4(x+2) = x^2 - 4$，所以 $x^2 - 4 = 0$，$x = \pm 2$.

例 6　已知 $f(1 + 2\sqrt{x}) = 2x + \sqrt{x}$，求函数 $f(x+1)$ 的解析式.

解：令 $1 + 2\sqrt{x} = t(t \geqslant 1)$，则 $x = \dfrac{(t-1)^2}{4}$，所以 $f(t) = \dfrac{(t-1)^2}{2} + \dfrac{t-1}{2} = \dfrac{t^2-t}{2}$，从而 $f(x) = \dfrac{x^2-x}{2}(x \geqslant 1)$，所以 $f(x+1) = \dfrac{(x+1)^2 - (x+1)}{2} = \dfrac{x^2+x}{2}(x \geqslant 0)$.

例 7　定义在 $(0, +\infty)$ 上的单调函数 $y = f(x)$，满足 $f[f(x) - \log_2 x] = 6$，求函数 $y = f(x)$ 的解析式.

解：令 $t = f(x) - \log_2 x$，即 $f(x) = \log_2 x + t$. 又因为 $f(t) = 6$，$f(t) = \log_2 t + t$，所以 $\log_2 t + t = 6$，即 $\log_2 t + t - 6 = 0$，令 $g(t) = \log_2 t + t - 6$，则 $g'(t) = \dfrac{1}{t \ln 2} + 1 > 0(t > 0)$，所以 $y = g(t)$ 在 $(0, +\infty)$ 上单调递增，所以方程 $g(t) = 0$ 在 $(0, +\infty)$ 上至多有 1 个解. 又因为 $g(4) = \log_2 4 + 4 - 6 = 0$，所以 $t = 4$，所以 $f(x) = \log_2 x + 4$.

注：对 $\forall x \in (0, +\infty)$，$f[f(x) - \log_2 x] = 6$，令 $t = f(x) - \log_2 x$ 后，对 $f(t) = \log_2 t + t = 6$ 的理解是本题的难点，本题也可直接判断 $g(t) = \log_2 t + t - 6$ 是单增函数.

例 8　已知函数 $f(x)$ 满足 $f(\log_a x) = \dfrac{a}{a^2-1}(x - x^{-1})$，其中 $a > 0$，且 $a \neq 1$.

（1）求函数 $f(x)$ 的解析式，并证明其单调性；

（2）当 $x \in (-\infty, 2)$ 时，$f(x) < 3 - a$ 恒成立，化简 $a^{|\log_a 2|} + \sqrt{\lg^2 a - \lg a^2 + 1} + \lg a$.

分析：（1）先令 $\log_a x = t$，得到 $x = a^t$，根据函数相等，可求出 $f(x)$ 的解析式；再分别讨论 $a > 1$，$0 < a < 1$ 两种情况，用导数的方法判断函数 $g(x) = a^x - a^{-x}$ 的单调性，即可得出 $f(x)$ 的单调性.

（2）先由（1）得到 $3 - a \geqslant f(x)_{\max} = f(2)$，求出 a 的范围，即可化简原式.

解：(1) 令 $\log_a x = t$，则 $x = a^t$，则 $f(t) = \dfrac{a}{a^2-1}(a^t - a^{-t})$，所以 $f(x) = \dfrac{a}{a^2-1}(a^x - a^{-x})$，令 $g(x) = a^x - a^{-x}$.

当 $a > 1$ 时，$\dfrac{a}{a^2-1} > 0$，$g(x) = a^x - a^{-x}$，$g'(x) = a^x \ln a + a^{-x} \ln a = \ln a(a^x + a^{-x}) > 0$，所以 $g(x) = a^x - a^{-x}$ 在 $\mathbf{R}$ 上单调递增，因此 $f(x) = \dfrac{a}{a^2-1}g(x)$ 在 $\mathbf{R}$ 上单调递增.

当 $0 < a < 1$ 时，$\dfrac{a}{a^2-1} < 0$，$g(x) = a^x - a^{-x}$，$g'(x) = a^x \ln a + a^{-x} \ln a = \ln a(a^x + a^{-x}) < 0$，所以 $g(x) = a^x - a^{-x}$ 在 $\mathbf{R}$ 上单调递减，因此 $f(x) = \dfrac{a}{a^2-1}g(x)$ 在 $\mathbf{R}$ 上单调递增.

综上，$f(x)$ 在 $\mathbf{R}$ 上单调递增.

(2) 由 (1) 知，当 $x \in (-\infty, 2)$ 时，$f(x) < 3 - a$ 恒成立，则需 $3 - a \geqslant f(x)_{\max} = f(2)$，即 $3 - a \geqslant \dfrac{a}{a^2-1}(a^2 - a^{-2}) = \dfrac{a}{a^2-1} \cdot \dfrac{(a^2+1)(a^2-1)}{a^2} = \dfrac{a^2+1}{a}$，整理得 $2a^2 - 3a + 1 \leqslant 0$，解得 $\dfrac{1}{2} \leqslant a \leqslant 1$，因为 $a \neq 1$，所以 $\dfrac{1}{2} \leqslant a < 1$，所以 $a^{|\log_a 2|} + \sqrt{(\lg a - 1)^2} + \lg a = a^{-\log_a 2} + 1 - \lg a + \lg a = \dfrac{3}{2}$.

注：难点在于分类讨论和对恒成立的理解.

【方法总结】

换元法是数学解题中的常用方法，它体现了整体思想，它的基本功能是化难为易、化繁为简，以实现化未知到已知，从而达到解题的目的. 常见的换元法有整体换元、三角换元、分母换元等，在换元的同时，切不可忘记"新元"的取值范围.

【变式练习】

变式练习1　已知 $f\left(\dfrac{1-x}{1+x}\right) = \dfrac{1-x^2}{1+x^2}$，则 $f(x+1)$ 的解析式为(　　).

A. $f(x+1) = \dfrac{x+1}{x^2+2x+2}$ 　　　　　B. $f(x+1) = -\dfrac{2x+2}{x^2+2x+2}$

C. $f(x+1) = \dfrac{2x+2}{x^2+2x+2}$ 　　　　　D. $f(x+1) = -\dfrac{x+1}{x^2+2x+2}$

解：令 $\dfrac{1-x}{1+x} = t$，则 $x = \dfrac{1-t}{1+t}$，所以 $f(t) = \dfrac{2t}{t^2+1}$，所以 $f(x) = \dfrac{2x}{x^2+1}$，$f(x+1) = \dfrac{2x+2}{x^2+2x+2}$，故选 C.

注：本题还有一个陷阱，$t = \dfrac{1-x}{1+x} = \dfrac{2-1-x}{1+x} = \dfrac{2}{1+x} - 1 \neq -1$，故准确的解析式应为

$f(x+1) = \dfrac{2x+2}{x^2+2x+2}(x \neq -1)$.

变式练习 2　已知 $f(\sqrt{x}+1) = 2x + 2\sqrt{x} + 3$，求 $f(x)$ 的解析式.

解：令 $t = \sqrt{x} + 1$，则 $t \geqslant 1$，因为 $t \geqslant 1$，所以 $x = (t-1)^2$，所以 $f(t) = 2(t-1)^2 + 2(t-1) + 3 = 2t^2 - 2t + 3$，所以 $f(x) = 2x^2 - 2x + 3(x \geqslant 1)$.

变式练习 3　已知 $f(\sqrt{x}+1) = x + 2\sqrt{x}$，求 $f(x)$.

解：令 $t = \sqrt{x} + 1$，则 $t \geqslant 1$，$x = (t-1)^2$，因为 $f(\sqrt{x}+1) = x + 2\sqrt{x}$，所以 $f(t) = (t-1)^2 + 2(t-1) = t^2 - 1$，所以 $f(x) = x^2 - 1(x \geqslant 1)$.

变式练习 4　已知 $f\left(\dfrac{1}{x}\right) = \dfrac{1}{x+1}$，求 $f(x+1)$ 的解析式.

解：由 $f\left(\dfrac{1}{x}\right) = \dfrac{1}{x+1}$ 可知，函数的定义域为 $\{x \mid x \neq 0, x \neq -1\}$，将 x 换为 $\dfrac{1}{x}$，代入上式

得 $f(x) = \dfrac{1}{\dfrac{1}{x}+1} = \dfrac{x}{x+1}$，所以 $f(x+1) = \dfrac{x+1}{x+2}$.

变式练习 5　已知 $f(2+\sin x) = 1 + \sin x + \cos 2x$，求 $f(x)$ 的解析式.

解：令 $t = 2 + \sin x$，$t \in [1,3]$，则 $\sin x = t - 2$，所以 $f(t) = 1 + \sin x + (1 - 2\sin^2 x) = -2(t-2)^2 + (t-2) + 2 = -2t^2 + 9t - 8$，所以 $f(x) = -2x^2 + 9x - 8(1 \leqslant x \leqslant 3)$.

第三节　配凑法

抓住题目本身的特点，根据条件，从整体考查，通过"凑""配"让题目条件转化为我们所需要求解的形式，使问题简单化. 比如求复合函数 $f[g(x)]$ 的表达式，$f[g(x)]$ 的表达式容易配成 $g(x)$ 的运算形式时，常用配凑法，但要注意所求函数的定义域不是原复合函数的定义域，而是 $g(x)$ 的值域.

例 1　已知 $f(x-1) = x^2 + 4x - 5$，则 $f(x-2) = ($　　$)$.

A. $x^2 + 2x - 8$　　　　　　　　　B. $x^2 + 6x$

C. $x^2 + 2x - 3$　　　　　　　　　D. $x^2 + 6x - 10$

分析：根据 $f(x-1) = x^2 + 4x - 5$，我们利用配凑法可以求出 $f(x)$ 的解析式，进而再用代入法求出 $f(x-2)$ 的解析式.

解：因为 $f(x-1)=x^2+4x-5=(x-1)^2+6(x-1)$，所以 $f(x)=x^2+6x$，所以 $f(x-2)=(x-2)^2+6(x-2)=x^2+2x-8$，故选 A.

例2 已知 $f\left(x-\dfrac{1}{x}\right)=x^2+\dfrac{1}{x^2}$，则 $f(x-2)$ 的解析式为(   )．

A. $f(x-2)=(x-2)^2+\dfrac{1}{(x-2)^2}$

B. $f(x-2)=\left(x-\dfrac{1}{x}\right)^2+\dfrac{1}{\left(x-\dfrac{1}{x}\right)^2}$

C. $f(x-2)=(x-2)^2+2$

D. $f(x-2)=(x-2)^2+1$

分析：将等式变形为 $f\left(x-\dfrac{1}{x}\right)=\left(x-\dfrac{1}{x}\right)^2+2$，可得出函数 $y=f(x)$ 的解析式，再计算出 $f(x-2)$ 即可．

解：因为 $\left(x-\dfrac{1}{x}\right)^2=x^2+\dfrac{1}{x^2}-2$，所以 $x^2+\dfrac{1}{x^2}=\left(x-\dfrac{1}{x}\right)^2+2$，因为 $f\left(x-\dfrac{1}{x}\right)=x^2+\dfrac{1}{x^2}=\left(x-\dfrac{1}{x}\right)^2+2$，所以 $f(x)=x^2+2$，因此 $f(x-2)=(x-2)^2+2$，故选 C.

例3 若 $f(\sqrt{x}+1)=x+2\sqrt{x}$，则 $f(x)$ 的解析式为(   )．

A. $f(x)=x^2-x$　　　　　　B. $f(x)=x^2-1(x\geqslant 0)$

C. $f(x)=x^2-1(x\geqslant 1)$　　D. $f(x)=x^2-2x(x\geqslant 0)$

解：$f(\sqrt{x}+1)=x+2\sqrt{x}=(\sqrt{x}+1)^2-1$，令 $t=\sqrt{x}+1(t\geqslant 1)$，所以 $f(t)=t^2-1(t\geqslant 1)$，所以 $f(x)=x^2-1(x\geqslant 1)$，故选 C.

例4 已知 $f\left(x+\dfrac{1}{x}\right)=x^2+\dfrac{1}{x^2}(x>0)$，求 $f(x-2)$ 的解析式．

解：因为 $f\left(x+\dfrac{1}{x}\right)=\left(x+\dfrac{1}{x}\right)^2-2$，$x+\dfrac{1}{x}\geqslant 2$，所以 $f(x)=x^2-2(x\geqslant 2)$，所以 $f(x-2)=x^2-4x+2(x\geqslant 4)$．

例5 已知 $f\left(1+\dfrac{1}{x}\right)=\dfrac{1}{x^2}-4$．求 $f(x)$ 的解析式．

解：因为 $f\left(1+\dfrac{1}{x}\right)=\dfrac{1}{x^2}-4=\left(1+\dfrac{2}{x}+\dfrac{1}{x^2}\right)-1-\dfrac{2}{x}-4=\left(1+\dfrac{1}{x}\right)^2-2\left(1+\dfrac{1}{x}\right)-3\left(1+\dfrac{1}{x}\neq 1\right)$，所以 $f(x)=x^2-2x-3\ (x\neq 1)$．

例6 已知 $f\left(\dfrac{1+x}{x}\right)=\dfrac{1+x^2}{x^2}+\dfrac{1}{x}$，求 $f(x+1)$．

解：因为 $f\left(\dfrac{1+x}{x}\right)=\dfrac{1+x^2+2x-2x}{x^2}+\dfrac{1}{x}=\left(\dfrac{1+x}{x}\right)^2-\dfrac{1+x-x}{x}=\left(\dfrac{1+x}{x}\right)^2-\dfrac{1+x}{x}+1$,

所以 $f(x)=x^2-x+1$, 又因为 $\dfrac{1+x}{x}=\dfrac{1}{x}+1\neq 1$, 所以 $f(x)=x^2-x+1(x\neq 1)$, 所以所求函数的解析式为 $f(x+1)=x^2+x+1(x\neq 0)$.

【方法总结】

（1）已知 $f[g(x)]=h(x)$, 求 $f(x)$ 的解析式, 观察函数式右边的 $h(x)$ 的结构特征, 把 $h(x)$ 配凑成 $g(x)$ 的形式, 然后整体用 x 替换, 即得 $f(x)$ 的解析式, 此时 $f(x)$ 的定义域就是 $g(x)$ 的值域.

（2）换元法和配凑法都是把所求问题看成一个整体来考虑, 通过研究问题的整体形式、整体结构, 做某种处理后, 达到顺利而又简便解决问题的目的, 避免局部运算的麻烦和困难.

【变式练习】

变式练习 1　已知 $f\left(x-\dfrac{1}{x}\right)=x^2+\dfrac{1}{x^2}$, 求 $f(x+1)$ 的解析式.

解：$f\left(x-\dfrac{1}{x}\right)=x^2+\dfrac{1}{x^2}=\left(x-\dfrac{1}{x}\right)^2+2$, 所以 $f(x)=x^2+2$, 所以 $f(x+1)=x^2+2x+3$.

变式练习 2　若 $f(\sqrt{x}+1)=x+2\sqrt{x}$, 求 $f(x+1)$.

解：$f(\sqrt{x}+1)=x+2\sqrt{x}=(\sqrt{x}+1)^2-1$, 所以 $f(x)=x^2-1(x\geqslant 1)$, 所以 $f(x+1)=x^2+2x(x\geqslant 0)$.

变式练习 3　已知 $f\left(x-\dfrac{1}{x}\right)=x^2+\dfrac{1}{x^2}+1$, 求 $f(x+1)$ 的解析式.

解：$f\left(x-\dfrac{1}{x}\right)=x^2-2+\dfrac{1}{x^2}+3=\left(x-\dfrac{1}{x}\right)^2+3$, 令 $x-\dfrac{1}{x}=t$, 则 $f(t)=t^2+3$, 所以 $f(x)=x^2+3$, 所以 $f(x+1)=x^2+2x+4$.

变式练习 4　已知 $f\left(1+\dfrac{1}{x}\right)=\dfrac{1}{x^2}-2$, 求 $f(x+1)$ 的解析式.

解：$f\left(1+\dfrac{1}{x}\right)=\dfrac{1}{x^2}-2=\left(1+\dfrac{1}{x}\right)^2-2\left(1+\dfrac{1}{x}\right)-1$, 所以 $f(x)=x^2-2x-1(x\neq 1)$, $f(x+1)=(x+1)^2-2(x+1)-1=x^2-2(x\neq 0)$.

第四节　方程组法（消元法）

将一个未知函数的整体看成是所在方程（组）中的一个变元, 按照解方程（组）的方法求出解析式, 这种方法叫方程组法.

例 1 已知 $f(x)+2f(-x)=4x-2$，求 $f(x)$ 的解析式.

解：将 $f(x)+2f(-x)=4x-2$① 中的 x 换为 $-x$ 得 $f(-x)+2f(x)=-4x-2$②，所以 ②×2－① 得 $3f(x)=-8x-4-4x+2=-12x-2$，$f(x)=-4x-\dfrac{2}{3}$.

注：此法主要适用于 $af(x)+bf\left(\dfrac{t}{x}\right)=c(x)$ 型和 $af(x)+bf(tx)=c(x)$ 型.

例 2 已知 $2f(x)+f\left(\dfrac{1}{x}\right)=x^2$，求 $f(x)$ 的解析式.

解：已知 $2f(x)+f\left(\dfrac{1}{x}\right)=x^2$①，将 ① 中变量 x 换成 $\dfrac{1}{x}$，得 $2f\left(\dfrac{1}{x}\right)+f(x)=\dfrac{1}{x^2}$②，联立 ①② 可消去 $f\left(\dfrac{1}{x}\right)$ 得 $f(x)=\dfrac{2}{3}x^2-\dfrac{1}{3x^2}$.

例 3 设 $f(x)$ 是定义在 $(0,+\infty)$ 上的一个函数，且有 $f(x)=2f\left(\dfrac{1}{x}\right)x^2-1$，求 $f(x)$ 的解析式.

分析：求解时采用方程法，将 x 换为 $\dfrac{1}{x}$ 得到的方程与原方程构成方程组求解函数解析式.

解：因为 $f(x)=2f\left(\dfrac{1}{x}\right)x^2-1$①，所以 $f\left(\dfrac{1}{x}\right)=2f(x)\dfrac{1}{x^2}-1$②，联立 ①② 两式，解方程组得 $f(x)=\dfrac{2}{3}x^2+\dfrac{1}{3}$，$x\in(0,+\infty)$.

例 4 函数 $f(x)$ 在 **R** 上满足 $f(x)=2f(2-x)-x^2+7x-7$，求出函数 $f(x)$ 的解析式.

解：因为 $f(x)=2f(2-x)-x^2+7x-7$，所以 $f(2-x)=2f(x)-(2-x)^2+7(2-x)-7$，所以 $f(2-x)=2f(x)-x^2+4x-4+14-7x-7$，将 $f(2-x)$ 代入 $f(x)=2f(2-x)-x^2+7x-7$，得 $f(x)=4f(x)-2x^2-6x+6-x^2+7x-7$，所以 $f(x)=x^2-\dfrac{1}{3}x+\dfrac{1}{3}$.

例 5 若 $f(x)+3f\left(\dfrac{1}{x}\right)=x+\dfrac{3}{x}-3\log_2 x$ 对 $x\in(0,+\infty)$ 恒成立，且任意 $x\in(2,4)$，都有 $f(x)>m$ 成立，求 m 的取值范围.

分析：利用构造思想求解 $f(x)$ 的解析式，由任意 $x\in(2,4)$，使得 $f(x)>m$ 成立，即 $f(x)_{\min}>m$，即可得 m 的取值范围.

解：由 $f(x)+3f\left(\dfrac{1}{x}\right)=x+\dfrac{3}{x}-3\log_2 x$①，那么 $f\left(\dfrac{1}{x}\right)+3f(x)=\dfrac{1}{x}+3x-3\log_2\dfrac{1}{x}$②，由 ①② 解得 $f(x)=x+\dfrac{3}{2}\log_2 x$. 因为任意 $x\in(2,4)$，使得 $f(x)>m$ 成立，即 $f(x)_{\min}>m$ 成立，因为 $f(x)=x+\dfrac{3}{2}\log_2 x$ 在 $x\in(2,4)$ 是递增函数，所以 $f(x)>f(2)=$

$\dfrac{7}{2}$，即 $m \leqslant \dfrac{7}{2}$，可得 m 的取值范围为 $\left(-\infty, \dfrac{7}{2}\right]$.

注：本题把①中 x 换成 $\dfrac{1}{x}$ 后，建立方程组，消去 $f\left(\dfrac{1}{x}\right)$，从而求出 $f(x)$，再根据恒成立来求解.

【方法总结】

本节方法主要适用于 $af(x) + bf\left(\dfrac{t}{x}\right) = c(x)$ 型或 $af(x) + bf(tx) = c(x)$ 型，根据等式的特征对等式进行赋值，从而消去 $f\left(\dfrac{t}{x}\right)$ 或 $f(tx)$，求得 $f(x)$ 的解析式. 此方法的难点在于把 $af(x) + bf\left(\dfrac{t}{x}\right) = c(x)$ 中的 x 都替换成 $\dfrac{t}{x}$，从而得到 $af\left(\dfrac{t}{x}\right) + bf(x) = c\left(\dfrac{t}{x}\right)$. 方程组法是函数与方程思想的重要体现，函数与方程思想是从问题的数量关系入手，运用数学语言将问题中的条件转化为数学模型，然后通过运用函数与方程的相关知识解决问题.

【变式练习】

变式练习 1　已知函数 $f(x)$ 满足 $f(x) + 2f(-x) = 2x^3 - 2$，求函数 $f(x)$.

解：以 $-x$ 代替原关系式中的 x 得 $f(-x) + 2f(x) = -2x^3 - 2$，与原关系式联立组成方程组 $\begin{cases} f(x) + 2f(-x) = 2x^3 - 2, \\ f(-x) + 2f(x) = -2x^3 - 2, \end{cases}$ 解得 $f(x) = -2x^3 - \dfrac{2}{3}$.

变式练习 2　已知 $2f(x) + f\left(\dfrac{1}{x}\right) = 4x(x \neq 0)$，求 $f(x)$.

解：已知 $2f(x) + f\left(\dfrac{1}{x}\right) = 4x$①，用 $\dfrac{1}{x}$ 去代换①中的 x 得 $2f\left(\dfrac{1}{x}\right) + f(x) = \dfrac{4}{x}$②，由①×2-②得 $f(x) = \dfrac{8}{3}x - \dfrac{4}{3x}(x \neq 0)$.

变式练习 3　已知对任意实数 x，函数 $f(x)$ 都满足 $f(x) + 2f(2-x) = x + 1$，求 $f(x)$ 的解析式.

解：由题意，因为 $f(x) + 2f(2-x) = x + 1$，所以 $f(2-x) + 2f(x) = 3 - x$，联立两式解得 $f(x) = \dfrac{5}{3} - x$.

变式练习 4　设 $f(x)$ 为偶函数，$g(x)$ 为奇函数，又 $f(x) + g(x) = \dfrac{2}{x-1}$，试求 $f(x)$ 和 $g(x)$ 的解析式.

解：$f(-x)=f(x),g(-x)=-g(x)$，又 $f(x)+g(x)=\dfrac{2}{x-1}$ ①，用 $-x$ 替换 x 得 $f(-x)+$

$g(-x)=-\dfrac{2}{x+1}$，即 $f(x)-g(x)=-\dfrac{2}{x+1}$②，联立①②解得 $f(x)=\dfrac{2}{x^2-1},g(x)=\dfrac{2x}{x^2-1}$.

变式练习 5 用方程组法求函数解析式：定义在 $(-1,1)$ 内的函数 $f(x)$ 满足 $3f(x)-$ $f(-x)=\lg(x+1)$，求函数 $f(x)$ 的解析式.

解：$x\in(-1,1)$ 时，有 $3f(x)-f(-x)=\lg(x+1)$，以 $-x$ 代 x 得 $3f(-x)-f(x)=$ $\lg(-x+1)$，联立两式消去 $f(-x)$ 得 $f(x)=\dfrac{3}{8}\lg(x+1)+\dfrac{1}{8}\lg(1-x),x\in(-1,1)$.

第五节 赋值法

根据题目给定的条件，先确定函数关系式，若关系式中含有特定的常数，则给这些变量赋一些适当的数值或代数式，以便求出待定的常数，通过推理达到求解函数解析式的目的，叫赋值法.

例 1 设函数 $f:\mathbf{R}\rightarrow\mathbf{R}$，满足 $f(0)=1$，且对任意 $x,y\in\mathbf{R}$，都有 $f(xy+1)=f(x)f(y)-$ $f(y)-x+2$，则 $f(2020)=($).

A. 0　　　　B. 2021　　　　C. 2020　　　　D. 1

分析：令 $x=y=0$，利用 $f(0)=1$ 求出 $f(1)=2$，再利用 $f(1)=2$，令 $y=0$，求 $f(x)$ 的解析式，从而可得结果.

解：因为 $f(xy+1)=f(x)f(y)-f(y)-x+2$，令 $x=y=0$，得 $f(1)=1-1-0+2$，所以 $f(1)=2$，令 $y=0$，则 $f(1)=f(x)f(0)-f(0)-x+2$，又 $f(0)=1$，所以 $f(x)=x+1$，$f(2020)=2020+1=2021$，故选 B.

例 2 已知定义在实数集 $\mathbf{R}$ 上函数 $f(x)$ 对于一切 $x,y\in\mathbf{R}$ 均有 $f(x+y)-f(x)=$ $y(x-2y)$，且 $f(1)=0$，求 $f(x+2)$.

解：在 $f(x+y)-f(x)=y(x-2y)$ 中，令 $y=x$，$x=1$ 得 $f(x+1)-f(1)=x(1-2x)$，即 $f(x+1)=x(1-2x)$，所以 $f(x+2)=(x+1)[1-2(x+1)]=-2x^2-3x-1$.

例 3 已知函数 $f(x)$ 满足 $f(0)=2$，对任意实数 x,y，有 $f(x-y)=f(x)-y(2x-y+1)$，求函数 $f(x)$ 的解析式.

分析：式子中有两个变量，尽量通过赋值让 y 消失，从而找到解析式.

解法 1：令 $x=y$ 得 $f(0)=f(x)-x(2x-x+1)$，所以 $f(x)=x^2+x+2$.

解法 2：令 $x=0$ 得 $f(-y)=f(0)-y(-y+1)$，所以 $f(-y)=2-y(-y+1)=(-y)^2+(-y)+2$，再把 $-y$ 看作 x，得 $f(x)=x^2+x+2$.

例 4 已知函数 $f(x)$ 对任意实数 x,y 有 $f(xy)=2f(y)+x^2+2xy-y^2+3x+3y$，求

函数 $f(x+1)$ 的解析式.

解: 令 $y=1$ 得 $f(x)=2f(1)+x^2+2x-1+3x+3$,整理得 $f(x)=2f(1)+x^2+5x+2$,要求解析式还差 $f(1)$ 的值,通过分析题目条件,再一次赋值:令 $x=1$ 得 $f(1)=2f(1)+8$,$f(1)=-8$,$f(x)=x^2+5x-14$,所以函数 $f(x+1)$ 的解析式为 $f(x+1)=(x+1)^2+5(x+1)-14=x^2+7x-8$.

注: (1)所给函数方程含有两个变量时,可对这两个变量交替用特殊值代入,或使这两个变量相等代入,再用已知条件,可求出未知的函数,至于取什么特殊值,根据题目特征而定.(2)抓住任意性,对自变量取合理的特殊值,分析已知与结论之间的差异进行赋值,可使问题具体化、简单化,从而顺利地找出规律.

例5 已知 $f(x)$ 在 $x\in\mathbf{R}$ 内恒有 $f[f(x)-x^2+x]=f(x)-x^2+x$.

(1)若 $f(2)=3$,求 $f(1)$;

(2)设有且仅有一个实数 x_0,使得 $f(x_0)=x_0$,求函数 $f(x+1)$ 的解析式.

分析: (1)赋值得到 $f[f(2)-2^2+2]=f(2)-2^2+2$,又由 $f(2)=3$,得 $f(1)=1$.

(2)原题转化为对任意 $x\in\mathbf{R}$,有 $f(x)-x^2+x=x_0$,赋值法得到 $x=x_0$,有 $f(x_0)-x_0^2+x_0=x_0$,解出参数值验证即可.

解: (1)因为对任意 $x\in\mathbf{R}$,有 $f[f(x)-x^2+x]=f(x)-x^2+x$,所以 $f[f(2)-2^2+2]=f(2)-2^2+2$.又因为 $f(2)=3$,所以 $f(3-2^2+2)=3-2^2+2$,即 $f(1)=1$.

(2)因为对任意 $x\in\mathbf{R}$,有 $f[f(x)-x^2+x]=f(x)-x^2+x$,又因为有且只有一个实数 x_0 使得 $f(x_0)=x_0$,所以对任意 $x\in\mathbf{R}$,有 $f(x)-x^2+x=x_0$,在式中令 $x=x_0$,得 $f(x_0)-x_0^2+x_0=x_0$.又因为 $f(x_0)=x_0$,所以 $x_0-x_0^2=0$,故 $x_0=0$ 或 $x_0=1$.

若 $x_0=0$,则 $f(x)-x^2+x=x_0$,即 $f(x)=x^2-x$,但方程 $x^2-x=x$ 有两个不相等的实根,与题设条件矛盾,故 $x_0\neq0$;

若 $x_0=1$,则有 $f(x)-x^2+x=1$,即 $f(x)=x^2-x+1$,此时 $f(x)=x$ 有且仅有一个实数根 1,所以 $f(x)=x^2-x+1$,则 $f(x+1)=x^2+x+1$.

综上所述,$f(x+1)$ 的解析式为 $f(x+1)=x^2+x+1$ $(x\in\mathbf{R})$.

注: 本题中(1)是(2)的特殊情况,(2)的难度较大,反复利用 x_0,容易让人混乱,重点要理解"有且只有一个实数 x_0,使得 $f(x_0)=x_0$"的隐含意义.

【方法总结】

在函数的三个要素中,核心是对应法则,与使用的变量无关,所以用赋值法求函数的解析式时,一般都是抓住变量在定义域范围内的任意值,根据题目的特征,分析已知和结论之间的联系,对变量进行合理赋值.若有两个变量,则可交替赋值,常见的值有 $0,1,-1$ 等.

【变式练习】

变式练习1 函数 $f(x)$ 对一切实数 x,y 均有 $f(x+y)-f(y)=(x+2y+1)x$ 成立,且 $f(1)=0$,求 $f(x+1)$ 的解析式.

解:令 $x=1,y=0$,代入得 $f(1+0)-f(0)=(1+2\times0+1)\times1$,整理得 $f(0)=-2$,故令 $y=0$,得 $f(x+0)-f(0)=(x+0+1)x$,所以 $f(x)=x^2+x-2,f(x+1)=x^2+3x$.

变式练习2 已知函数 $f(x)$ 对任意实数 x,y 有 $f(x+y)=2f(y)+x^2+2xy-y^2+3x+3y$,求函数 $f(x+1)$ 的解析式.

解:令 $y=0$ 得 $f(x)=2f(0)+x^2+3x$,令 $x=0$ 得 $f(0)=2f(0),f(0)=0$,所以 $f(x)=x^2+3x,f(x+1)=x^2+5x+4$.

变式练习3 已知函数 $f(x)$ 对任意的实数 x,y 都有 $f(x+y)=f(x)+f(y)+2y(x+y)+1,f(1)=1$,若 $x\in \mathbf{N}^*$,试求 $f(x+1)$ 的表达式.

解:令 $y=1$,则 $f(x+1)=f(x)+2x+4$,则

$$f(2)=f(1)+2\times1+4,$$
$$f(3)=f(2)+2\times2+4,$$
$$f(4)=f(3)+2\times3+4,$$
$$\vdots$$
$$f(x)=f(x-1)+2(x-1)+4,$$

以上式子左边相加等于右边相加,所以 $f(x)=x^2+3x-3(x\in \mathbf{N}^*)$,所以 $f(x+1)=x^2+5x+1$.

第六节　数形结合法(图像法)

求函数解析式时,可直接通过图像求出解析式的方法叫数形结合法(或图像法). 此方法的关键是要把握图像和函数性质的关系,从而确定相关数值.

例1 若函数 $g(x)$ 在闭区间 $[-1,2]$ 上的图像如图 $1-3$ 所示,则此函数的解析式为_____.

分析:分段求出函数的表达式,即可求此函数的解析式.

解:由题意,$-1\leqslant x<0$ 时,直线的斜率为 1,方程为 $y=x+1$;

当 $0\leqslant x\leqslant2$ 时,直线的斜率为 $-\dfrac{1}{2}$,方程为 $y=-\dfrac{1}{2}x$.

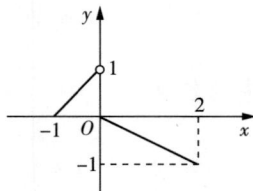

图 $1-3$　函数 $g(x)$
在 $[-1,2]$ 上的图像

所以函数的解析式为 $g(x) = \begin{cases} x+1, -1 \leqslant x < 0, \\ -\dfrac{1}{2}x, 0 \leqslant x \leqslant 2. \end{cases}$

例 2　如图 1-4 所示,点 M 是边长为 2 的正方形 $ABCD$ 的边 CD 的中点.当点 P 在正方形的边上沿 $A—B—C$ 运动时,点 P 经过的路程为 x,$\triangle APM$ 的面积为 y,则 y 关于 x 的函数关系式为_____.

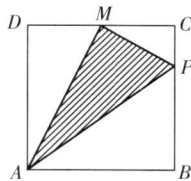

分析:结合图形的特征,利用面积公式求得解析式,得到结果.

图 1-4　例 2 的示意图

解:当点 P 在线段 AB 上时,$0 < x \leqslant 2$,根据三角形的面积公式可得 $y = x$;

当点 P 在线段 BC 上时,$2 < x \leqslant 4$,$y = \dfrac{1}{2} \times (1+2) \times 2 - \dfrac{1}{2}(x-2) \times 2 - \dfrac{1}{2}(4-x) \times 1 = 3 - \dfrac{x}{2}$.

故所求函数关系式为 $y = \begin{cases} x, 0 < x \leqslant 2, \\ 3 - \dfrac{x}{2}, 2 < x \leqslant 4. \end{cases}$

例 3　如图 1-5 所示,在边长为 4 的正方形 $ABCD$ 的边上有一点 P,沿着折线 $BCDA$ 由点 B(起点)向点 A(终点)运动.设点 P 运动的路程为 x,$\triangle APB$ 的面积为 y.求:(1)y 与 x 之间的函数关系式;(2)画出(1)中函数的图像.

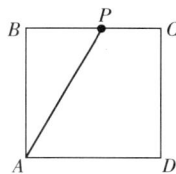

分析:(1)点 P 在 BC 上、P 点在 CD 上、点 P 在 DA 上分别可得三角形的面积,综合可得函数解析式;(2)由(1)中的解析式,可得函数的图像.

图 1-5　例 3 的示意图

解:(1)当 $0 \leqslant x \leqslant 4$ 时,$y = \dfrac{1}{2} \times 4 \times x = 2x$;

当 $4 < x \leqslant 8$ 时,$y = \dfrac{1}{2} \times 4 \times 4 = 8$;

当 $8 < x \leqslant 12$ 时,$y = \dfrac{1}{2} \times 4 \times (12-x) = 2(12-x) = 24 - 2x$.

所以 $y = \begin{cases} 2x, 0 \leqslant x \leqslant 4, \\ 8, 4 < x \leqslant 8, \\ 24 - 2x, 8 < x \leqslant 12. \end{cases}$

(2)函数的图像如图 1-6 所示.

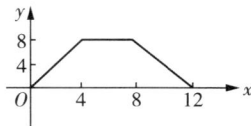

图 1-6　分段函数的图像

例 4　如图 1-7 所示,定义在 $[-1, 2]$ 上的函数 $f(x)$ 的图像为折线段 ACB.

（1）求函数 $f(x+1)$ 的解析式；

（2）请用数形结合的方法求不等式 $f(x) \geqslant \log_2(x+1)$ 的解集，不需要证明．

解：（1）根据图像可知点 $A(-1,0)$，$B(0,2)$，$C(2,0)$，所以

$$f(x) = \begin{cases} 2x+2, & -1 \leqslant x \leqslant 0, \\ -x+2, & 0 < x \leqslant 2, \end{cases}$$

$$f(x+1) = \begin{cases} 2x+4, & -2 \leqslant x \leqslant -1, \\ -x+1, & -1 < x \leqslant 1. \end{cases}$$

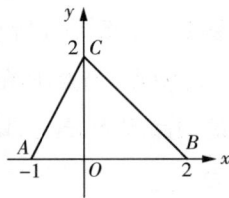

图 1-7 函数 $f(x)$ 在 $[-1,2]$ 上的图像

（2）根据（1）可得函数 $f(x)$ 的图像经过点 $(1,1)$，而函数 $\log_2(x+1)$ 也过点 $(1,1)$．函数 $\log_2(x+1)$ 的图像可以由 $\log_2 x$ 左移 1 个单位而来，如图 1-8 所示，所以根据图像可得不等式 $f(x) \geqslant \log_2(x+1)$ 的解集是 $(-1,1]$．

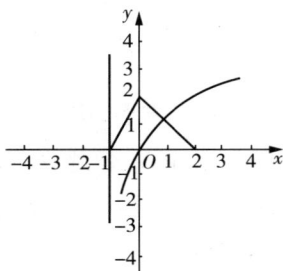

图 1-8 $f(x)$ 与 $\log_2(x+1)$ 的图像

注：由图像特点可知函数为一次函数，因此可根据 A,B,C 三点坐标求得解析式．利用数形结合的方法解不等式时，首先将不等式转化为两个函数值的大小关系，本题中将 $f(x) \geqslant \log_2(x+1)$ 的解集转化为当 $f(x)$ 的函数值大于等于 $g(x)$ 的函数值时的自变量的取值范围，从而结合图像求解．

例 5 如图 1-9 所示，$\triangle OAB$ 是边长为 6 的正三角形，记 $\triangle OAB$ 位于直线 $x = t(t > 0)$ 左侧的图形的面积为 $f(t)$，试求函数 $f(t)$ 的解析式．

分析：当 $0 < t \leqslant 3$ 时，$f(t) = \dfrac{1}{2} \times t \times \sqrt{3}\,t = \dfrac{\sqrt{3}}{2}t^2$；

当 $3 < t \leqslant 6$ 时，$f(t) = \dfrac{\sqrt{3}}{4} \times 6^2 - \dfrac{1}{2} \times (6-t) \times \sqrt{3}(6-t) =$

$-\dfrac{\sqrt{3}}{2}(t-6)^2 + 9\sqrt{3}$；

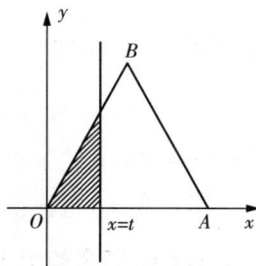

图 1-9 例 5 的示意图

当 $t > 6$ 时,$f(t) = 9\sqrt{3}$,从而可得解析式.

解:当 $0 < t \leqslant 3$ 时,$f(t) = \dfrac{1}{2} \times t \times \sqrt{3}\,t = \dfrac{\sqrt{3}}{2}t^2$;

当 $3 < t \leqslant 6$ 时,$f(t) = \dfrac{\sqrt{3}}{4} \times 6^2 - \dfrac{1}{2} \times (6-t) \times \sqrt{3}(6-t) = -\dfrac{\sqrt{3}}{2}(t-6)^2 + 9\sqrt{3}$;

当 $t > 6$ 时,$f(t) = 9\sqrt{3}$.

综上可得,$f(t) = \begin{cases} \dfrac{\sqrt{3}}{2}t^2, & 0 < t \leqslant 3, \\[2mm] -\dfrac{\sqrt{3}}{2}(t-6)^2 + 9\sqrt{3}, & 3 < t \leqslant 6, \\[2mm] 9\sqrt{3}, & t > 6. \end{cases}$

【方法总结】

本节所列举的函数大部分都是分段函数,解决分段函数的问题都是结合图形进行分类讨论,要做到分段合理,不重不漏,注意分段区间.

数形结合是一种数学思想方法,包含"以形助数"和"以数辅形"两个方面,利用这种方法寻找解题思路,可使问题化难为易、化繁为简.

【变式练习】

变式练习1 图 1-10 是由一个半径为 2 的大圆和两个半径为 1 的半圆组成的"阴阳太极图",圆心分别为 O, O_1, O_2,若一动点 P 从点 A 出发,按路线 $A \rightarrow O \rightarrow B \rightarrow C \rightarrow A \rightarrow D \rightarrow B$ 运动(其中 A, O_1, O, O_2, B 五点共线),设 P 的运动路程为 x,$y = |O_1P|^2$,y 与 x 的函数关系式为 $y = g(x)$,则 $y = g(x)$ 的大致图像为(   ).

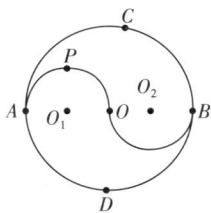

图 1-10 阴阳太极图

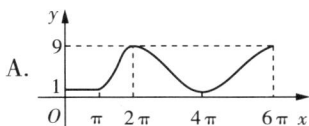

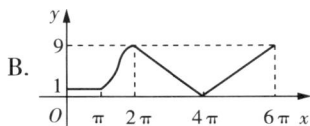

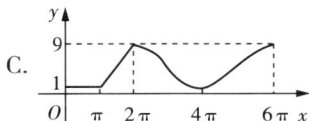

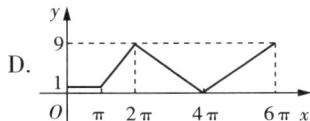

解:根据题图中信息,可将 x 分为 4 个区间,即 $[0,\pi)$,$[\pi,2\pi)$,$[2\pi,4\pi)$,$[4\pi,6\pi]$.

当 $x \in [0, \pi)$ 时,函数值不变,$y = f(x) = 1$;

当 $x \in [\pi, 2\pi)$ 时,设 $\overrightarrow{O_2P}$ 与 $\overrightarrow{O_2O_1}$ 的夹角为 θ,因为 $|\overrightarrow{O_2P}| = |\overrightarrow{O_2O_1}| = 2$,$\theta = x - \pi$,所以 $y = (\overrightarrow{O_2P} - \overrightarrow{O_2O_1})^2 = 5 - 4\cos\theta$,所以 $y = f(x)$ 的图像是曲线,且单调递增;

当 $x \in [2\pi, 4\pi)$ 时,$\overrightarrow{O_1P} = \overrightarrow{OP} - \overrightarrow{OO_1}$,设 $\overrightarrow{OP}$ 与 $\overrightarrow{OO_1}$ 的夹角为 α,$|\overrightarrow{OP}| = 2$,$|\overrightarrow{OO_1}| = 1$,$\alpha = \pi - \dfrac{x - 2\pi}{2} = 2\pi - \dfrac{1}{2}x$,所以 $y = |\overrightarrow{O_1P}|^2 = (\overrightarrow{OP} - \overrightarrow{OO_1})^2 = 5 - 4\cos\alpha = 5 - 4\cos\dfrac{x}{2}$,函数 $y = g(x)$ 的图像是曲线,且单调递减,故选 A.

变式练习 2 根据图 1-11 所示的函数 $g(x)$ 的图像(其中 $x \geqslant 0$),写出 $g(x)$ 的解析式.

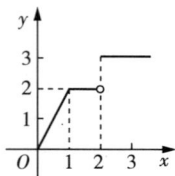

图 1-11 函数 $g(x)$ 的图像

解:根据图像可知 $g(x)$ 为分段函数,由分段函数的求解方法得

$$g(x) = \begin{cases} 2x, & 0 \leqslant x \leqslant 1, \\ 2, & 1 < x < 2, \\ 3, & x \geqslant 2. \end{cases}$$

变式练习 3 如图 1-12 所示,在等腰梯形 $ABCD$ 中,$BC /\!/ AD$,$\angle B = 45°$,$|BC| = 14$,$|AB| = 4\sqrt{2}$,F 在线段 BC 上运动,过 F 且垂直于线段 BC 的直线 l 将梯形 $ABCD$ 分为左、右两个部分,设左边部分(含点 B 的部分)面积为 y.

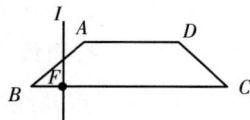

图 1-12 变式练习 3 的示意图

(1)分别求当 $|BF| = 2$ 与 $|BF| = 6$ 时 y 的值;

(2)设 $|BF| = x$,试写出 y 关于 x 的函数解析式.

解:(1)如图 1-13 所示,过 A 作 $AM \perp BC$,M 为垂足,过 D 作 $DN \perp BC$,N 为垂足,则 $BM = NC = AM = DN = 4$.

当 $|BF| = 2$ 时,$y = \dfrac{1}{2} \times 2 \times 2 = 2$;

当 $|BF| = 6$ 时,$y = \dfrac{1}{2} \times 4 \times 4 + 2 \times 4 = 16$.

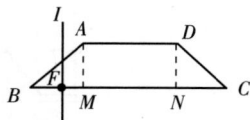

图 1-13 变式练习 3 答案的示意图

(2)设 $|BF| = x$.

当 $0<x\leqslant4$ 时,$y=\dfrac{1}{2}x^2$;

当 $4<x\leqslant8$ 时,$y=\dfrac{1}{2}\times4\times4+(x-4)\times4=4x-8$;

当 $8<x\leqslant12$ 时,$y=\dfrac{1}{2}\times4\times4+4\times4+\dfrac{1}{2}\times4\times4-\dfrac{1}{2}\times(12-x)(12-x)=-\dfrac{1}{2}x^2+12x-40$.

综上可得,$y=\begin{cases}\dfrac{1}{2}x^2,0<x\leqslant4,\\4x-8,4<x\leqslant8,\\-\dfrac{1}{2}x^2+12x-40,8<x\leqslant12.\end{cases}$

变式练习4　函数 $f(x)$ 的图像如图 $1-14$ 所示,曲线 BCD 为抛物线的一部分.

(1) 求 $f(x)$ 的解析式;

(2) 若 $f(x)=2$,求 x 的值.

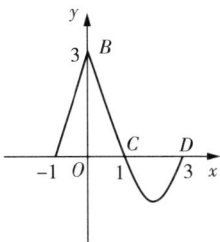

图 $1-14$　函数 $f(x)$ 的图像

解:(1) 当 $-1\leqslant x\leqslant0$ 时,函数图像为直线且过点 $(-1,0),(0,3)$,直线斜率 $k=3$,所以 $y=3x+3$;

当 $0<x\leqslant3$ 时,函数图像为抛物线,设函数解析式为 $y=a(x-1)(x-3)$,当 $x=0$ 时,$y=3a=3$,解得 $a=1$,所以 $y=(x-1)(x-3)=x^2-4x+3$.

综上可得,$f(x)=\begin{cases}3x+3,-1\leqslant x\leqslant0,\\x^2-4x+3,0<x\leqslant3.\end{cases}$

(2) 当 $x\in[-1,0]$,令 $3x+3=2$,解得 $x=-\dfrac{1}{3}$;

当 $x\in(0,3]$,令 $x^2-4x+3=2$,解得 $x=\dfrac{4\pm\sqrt{16-4}}{2}=2\pm\sqrt{3}$,因为 $0<x\leqslant3$,所以 $x=2-\sqrt{3}$.

综上可得,$x=-\dfrac{1}{3}$ 或 $x=2-\sqrt{3}$.

第七节 相关点法

一般的,设出两个点,一个点已知,一个点未知,根据已知条件找到两个点之间的联系,把已知点用未知点表示,最后代入已知点的解析式,从而求出要求函数的解析式的方法叫相关点法.

例 1 设函数 $f(x)=x+\dfrac{1}{x}$ 的图像为 C_1,C_1 关于点 $A(4,2)$ 对称的图像为 C_2,求 C_2 对应的函数 $g(x)$ 的表达式.

解:设 (x,y) 是函数 $g(x)$ 图像上任一点,则关于 $A(4,2)$ 对称点为 $(8-x,4-y)$,且在 $y=f(x)$ 上,即 $4-y=8-x+\dfrac{1}{8-x}$,即 $y=x-4+\dfrac{1}{x-8}$,故 $y=g(x)=x-4+\dfrac{1}{x-8}$.

例 2 已知:函数 $y=x^2+x$ 与 $y=g(x)$ 的图像关于点 $(-2,2)$ 对称,求 $g(x)$ 的解析式.

解:设 $M(x,y)$ 为 $y=g(x)$ 上任意一点,且 $M'(x',y')$ 为 $M(x,y)$ 关于点 $(-2,2)$ 的对称点,则 $\begin{cases}\dfrac{x'+x}{2}=-2,\\[2mm]\dfrac{y'+y}{2}=2,\end{cases}$ 解得 $\begin{cases}x'=-x-4,\\y'=4-y,\end{cases}$ 因为点 $M'(x',y')$ 在 $y=x^2+x$ 上,所以 $y'=(x')^2+x'$,把 $\begin{cases}x'=-x-4,\\y'=4-y\end{cases}$ 代入,得 $4-y=(-x-4)^2+(-x-4)$,整理得 $y=-x^2-7x-8$,所以 $g(x)=-x^2-7x-8$.

例 3 已知函数 $y=g(x)$ 与 $f(x)=2x^2-3\sin x-5$ 的图像关于点 $(2,2)$ 对称,求函数 $y=g(x)$ 的解析式.

解:设函数 $y=g(x)$ 的图像上任意一点 $P(x,y)$ 关于点 $(2,2)$ 的对称点为 $Q(x_0,y_0)$,则点 Q 在函数 $y=f(x)$ 的图像上,所以 $\begin{cases}x+x_0=4,\\y+y_0=4,\end{cases}$ 即 $\begin{cases}x_0=4-x,\\y_0=4-y.\end{cases}$

又因为 $y_0=2x_0^2-3\sin x_0-5$,所以 $4-y=2(4-x)^2-3\sin(4-x)-5$,即 $y=-2(4-x)^2+3\sin(4-x)+9$,所以 $g(x)=-2(4-x)^2+3\sin(4-x)+9$.

例 4 已知定义在区间 $\left[-\pi,\dfrac{3\pi}{2}\right]$ 上的函数 $y=g(x)$ 的图像关于直线 $x=\dfrac{\pi}{4}$ 对称,当 $x\geqslant\dfrac{\pi}{4}$ 时,$g(x)=-\sin x$.

(1)画出 $y=g(x)$ 的图像;

(2)求 $y=g(x)$ 的解析式.

分析:(1) 先根据"当 $x \geqslant \dfrac{\pi}{4}$ 时,$g(x) = -\sin x$"画出 $g(x)$ 在 $\left[\dfrac{\pi}{4}, \dfrac{3\pi}{2}\right]$ 上的图像;再根据图像关于直线 $x = \dfrac{\pi}{4}$ 对称把另一部分添上即可.

(2) 先根据 $x \in \left[-\pi, \dfrac{\pi}{4}\right]$ 得到 $\dfrac{\pi}{2} - x \in \left[\dfrac{\pi}{4}, \dfrac{3\pi}{2}\right]$,再结合"当 $x \geqslant \dfrac{\pi}{4}$ 时,$g(x) = -\sin x$"即可求出 $y = g(x)$ 的解析式.

解:(1)$y = g(x)$ 的图像如图 1-15 所示.

(2) 任意取 $x \in \left[-\pi, \dfrac{\pi}{4}\right]$,所以 $\dfrac{\pi}{2} - x \in$

$\left[\dfrac{\pi}{4}, \dfrac{3\pi}{2}\right]$,因为函数 $y = g(x)$ 的图像关于直线 $x =$

$\dfrac{\pi}{4}$ 对称,则 $g(x) = g\left(\dfrac{\pi}{2} - x\right)$,又因为当 $x \geqslant \dfrac{\pi}{4}$

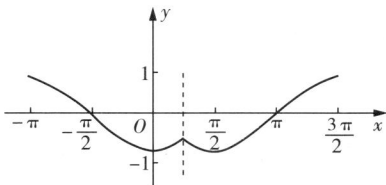

图 1-15 函数 $y = g(x)$ 的图像

时,$g(x) = -\sin x$,则 $g(x) = g\left(\dfrac{\pi}{2} - x\right) = -\sin\left(\dfrac{\pi}{2} - x\right) = -\cos x$.

综上,$g(x) = \begin{cases} -\cos x, & x \in \left[-\pi, \dfrac{\pi}{4}\right), \\ -\sin x, & x \in \left[\dfrac{\pi}{4}, \dfrac{3\pi}{2}\right]. \end{cases}$

【方法总结】

对称是几何图形中一个重要的性质,如平面上的两点关于某条直线成轴对称,关于某个点成中心对称. 已知某个点所在函数的解析式,求另一个点所在函数的解析式,分析两个点的内在联系,建立两个点坐标之间关系(是轴对称还是中心对称),从而解决问题. 相关点法也是后面解析几何中求曲线方程的重要方法之一.

【变式练习】

变式练习 1 已知 $f(x) = \sqrt{x+1}$.

(1) 若 $g(x)$ 与 $f(x)$ 的图像关于直线 $x = -2$ 对称,则 $g(x)$ 的解析式为_____.

(2) 若 $g(x)$ 与 $f(x)$ 的图像关于点 $(2,2)$ 对称,则 $g(x)$ 的解析式为_____.

解:(1) 设 $A(x, y)$ 为函数 $y = g(x)$ 上任意一点,则点 A 关于 $x = -2$ 的对称点 $B(-4-x, y)$ 在函数 $y = f(x)$ 上,则有 $y = f(-x-4)$,即 $y = \sqrt{(-x-4)+1} = \sqrt{-x-3}$,所以 $g(x) = \sqrt{-x-3}$.

(2) 设 $A(x, y)$ 为函数 $y = g(x)$ 上任意一点,则点 A 关于点 $(2,2)$ 的对称点为

$B(4-x,4-y)$,点 B 在函数 $y=f(x)$ 上,则有 $4-y=f(4-x)$,即 $4-y=\sqrt{4-x+1}=\sqrt{5-x}$,所以 $y=4-\sqrt{5-x}$.

变式练习2 已知函数 $f(x)=2^x$ 的图像与函数 $g(x)$ 的图像关于点 $(3,2)$ 对称,求函数 $g(x)$ 的解析式.

解:设已知点为 (x_0,y_0),未知点为 (x,y),两个点关于 $(3,2)$ 对称,可得 $\dfrac{x_0+x}{2}=3$,$\dfrac{y_0+y}{2}=2$,整理得 $x_0=6-x,y_0=4-y$,将其代入 $f(x)$ 的解析式可得 $4-y=2^{6-x}$,$y=4-2^{6-x}$,即 $g(x)=4-2^{6-x}$.

变式练习3 设函数 $f(x)$ 的定义域为 $[0,4]$,且函数 $f(x)$ 的图像关于点 $(2,0)$ 成中心对称图形,当 $x\in[2,4]$ 时,$f(x)=x^2-2x$,求 $x\in[0,2]$ 时 $f(x)$ 的解析式.

解:$\dfrac{x_0+x}{2}=2$,$\dfrac{y_0+y}{2}=0$,$x_0=4-x$,$y_0=-y$,则 $f(x)=-f(4-x)$,$f(4-x)=(4-x)^2-2(4-x)=x^2-6x+8$,所以 $f(x)=-x^2+6x+8$.

变式练习4 设函数 $f(x)=x+\dfrac{1}{x}$ 的图像为 C_1,C_1 关于点 $A(2,-1)$ 对称的图像为 C_2,C_2 对应的函数为 $g(x)$.

(1) 求 $g(x)$ 的解析式;

(2) 若直线 $y=m$ 与 C_2 只有一个交点,求 m 的值和交点坐标.

解:(1) 设点 $P(x,y)$ 是 C_2 上的任意一点,则 $P(x,y)$ 关于点 $A(2,-1)$ 对称的点为 $P'(4-x,-2-y)$,代入 $f(x)=x+\dfrac{1}{x}$,可得 $-2-y=4-x+\dfrac{1}{4-x}$,即 $y=x-6+\dfrac{1}{x-4}$,所以 $g(x)=x-6+\dfrac{1}{x-4}$.

(2) 联立 $\begin{cases} y=m, \\ y=x-6+\dfrac{1}{x-4}, \end{cases}$ 消去 y 得 $x^2-(m+10)x+4m+25=0$,$\Delta=[-(m+10)]^2-4(4m+25)$,因为直线 $y=m$ 与 C_2 只有一个交点,所以 $\Delta=0$,解得 $m=0$ 或 $m=-4$.

当 $m=0$ 时,经检验合理,交点为 $(5,0)$;当 $m=-4$ 时,经检验合理,交点为 $(3,-4)$.

第八节　　变换法

对于给定轴对称函数、中心对称函数、周期函数等在某区间上的解析式要求另一个区间上函数解析式的问题,我们从目标(待求)区间入手,构造变量属于已知区间,通过给定的函数的性质找出待求的解析式与构造变量的函数值之间的关系,从而把函数在待求区间上的解析式求解出来,这种方法称为变换法.

例 1(奇偶变换法) 已知函数 $y=f(x)$ 是定义在 **R** 上的奇函数,当 $x\in(0,+\infty)$ 时,$f(x)=3x(1+\sqrt[3]{x})$,求 $y=f(x)$ 的解析式.

解:任意的 $x\in(-\infty,0),-x\in(0,+\infty)$,所以 $f(-x)=3(-x)(1+\sqrt[3]{-x})=-3x(1-\sqrt[3]{x})$.因为函数 $y=f(x)$ 是定义在 **R** 上的奇函数,所以 $f(-x)=-f(x),f(0)=0$,所以

$$f(x)=-f(-x)=3x(1-\sqrt[3]{x})(x<0),所以 f(x)=\begin{cases}3x(1+\sqrt[3]{x}),x>0,\\0,x=0,\\3x(1-\sqrt[3]{x}),x<0.\end{cases}$$

例 2(对称变换法) 已知函数 $y=f(x)$ 的图像与函数 $g(x)=3^{\frac{1}{3}x-1}-3$ 的图像关于直线 $y=x-1$ 成轴对称,求 $y=f(x)$ 的解析式.

解:设函数 $y=f(x)$ 图像上任意一点 $P(x,y)$ 关于直线 $y=x-1$ 的对称点为 $Q(x_0,y_0)$,

则点 Q 在函数 $y=g(x)$ 的图像上,即 $y_0=3^{\frac{1}{3}x_0-1}-3$.由 $\begin{cases}\dfrac{y_0-y}{x_0-x}=-1,\\[2mm]\dfrac{y+y_0}{2}=\dfrac{x+x_0}{2}-1\end{cases}$ 得

$\begin{cases}x_0=y+1,\\y_0=x-1,\end{cases}$ 所以 $x-1=3^{\frac{1}{3}(y+1)-1}-3$,即 $x+2=3^{\frac{1}{3}y-\frac{2}{3}}$,所以 $y=3\log_3(x+2)+2$,即 $y=f(x)$ 的解析式为 $f(x)=3\log_3(x+2)+2$.

例 3(周期变换法) 已知偶函数 $f(x)$ 为定义在 **R** 上的周期为 2 的周期函数,已知当 $x\in[3,4]$ 时,$f(x)=x+2$,求当 $x\in[-1,1]$ 时 $f(x)$ 的解析式.

解:当 $x\in[-1,0]$ 时,$x+4\in[3,4]$,所以 $f(x+4)=x+6$,而 $f(x)$ 是周期为 2 的周期函数,所以 $f(x)=f(x+4)=x+6$;

当 $x\in[0,1]$ 时,$-x\in[-1,0],f(-x)=-x+6$,而 $f(x)$ 为偶函数,所以 $f(x)=f(-x)=-x+6$.

综上得,当 $x\in[-1,1]$ 时 $f(x)=6-|x|$.

例 4 已知函数 $y=f(x)$ 的定义域为 **R**,且以 3 为周期,当 $x\in[0,3)$ 时,$f(x)=x^5+3^x$,求当 $x\in[6,9)$ 时 $y=f(x)$ 的解析式.

解:任意的 $x\in[6,9),x-6\in[0,3)$,所以 $f(x-6)=(x-6)^5+3^{x-6}$,又因为 $y=f(x)$ 是周期为 3 的周期函数,所以 $f(x)=f(x-3)=f(x-6)$,所以 $f(x)=f(x-6)=(x-6)^5+3^{x-6},x\in[6,9)$,即当 $x\in[6,9)$ 时,$f(x)=(x-6)^5+3^{x-6},x\in[6,9)$.

例 5 已知函数 $y=g(x)$ 是定义在 **R** 上的周期函数,周期 $T=5$.函数 $y=g(x)(-1\leqslant$

$x \leqslant 1$) 是奇函数, 又知 $y=g(x)$ 在 $[0,1]$ 上是一次函数, 在 $[1,4]$ 上是二次函数, 且当 $x=2$ 时函数取得最小值 -5.

(1) 证明: $g(1)+g(4)=0$;

(2) 求 $y=g(x)$ 在 $[1,4]$ 上的解析式;

(3) 求 $y=g(x)$ 在 $[4,9]$ 上的解析式.

解: (1) 证明: 因为 $g(x)$ 是以 5 为周期的周期函数, 所以 $g(4)=g(4-5)=g(-1)$, 又因为 $y=g(x)(-1 \leqslant x \leqslant 1)$ 是奇函数, 所以 $g(1)=-g(-1)=-g(4)$, 所以 $g(1)+g(4)=0$.

(2) 当 $x \in [1,4]$ 时, 由题意可设 $g(x)=a(x-2)^2-5(a>0)$, 由 $g(1)+g(4)=0$ 得 $a(1-2)^2-5+a(4-2)^2-5=0$, 所以 $a=2$, 所以 $g(x)=2(x-2)^2-5(1 \leqslant x \leqslant 4)$.

(3) 因为 $y=g(x)(-1 \leqslant x \leqslant 1)$ 是奇函数, 所以 $g(0)=0$, 又知 $y=g(x)$ 在 $[0,1]$ 上是一次函数, 所以可设 $g(x)=kx(0 \leqslant x \leqslant 1)$, 而 $g(1)=2(1-2)^2-5=-3$, 所以 $k=-3$, 所以当 $0 \leqslant x \leqslant 1$ 时, $g(x)=-3x$, 从而当 $-1 \leqslant x<0$ 时, $g(x)=-g(-x)=-3x$, 故 $-1 \leqslant x \leqslant 1$ 时, $g(x)=-3x$.

当 $4 \leqslant x \leqslant 6$ 时, 有 $-1 \leqslant x-5 \leqslant 1$, 所以 $g(x)=g(x-5)=-3(x-5)=-3x+15$.

当 $6<x \leqslant 9$ 时, 有 $1<x-5 \leqslant 4$, 所以 $g(x)=g(x-5)=2[(x-5)-2]^2-5=2(x-7)^2-5$.

所以 $g(x)=\begin{cases} -3x+15, 4 \leqslant x \leqslant 6, \\ 2(x-7)^2-5, 6<x \leqslant 9. \end{cases}$

【方法总结】

函数性质是函数的重要内容之一, 反映了客观事物的变化规律. 根据奇偶性、周期性等求函数解析式是一种重要方法, 有的涉及对称性质的变换.

【变式练习】

变式练习1 已知函数 $y=f(x)$ 是定义在 **R** 上的奇函数, $y=g(x)$ 是定义在 **R** 上的偶函数, 满足 $f(x)+g(x)=x^2+4\sin x$, 求函数 $y=f(x)$ 和 $y=g(x)$ 的解析式.

解: 因为函数 $y=f(x)$ 是定义在 **R** 上的奇函数, $y=g(x)$ 是定义在 **R** 上的偶函数, 所以 $f(-x)=-f(x), g(-x)=g(x)$, 所以 $\begin{cases} f(x)+g(x)=x^2+4\sin x, \\ f(-x)+g(-x)=(-x)^2+4\sin(-x), \end{cases}$ 即 $\begin{cases} f(x)+g(x)=x^2+4\sin x, \\ -f(x)+g(x)=x^2-4\sin x, \end{cases}$ 所以 $\begin{cases} f(x)=4\sin x, \\ g(x)=x^2. \end{cases}$

变式练习2 已知 $f(x)$ 的图像关于直线 $x=2$ 对称, 当 $x \leqslant 2$ 时, $f(x)=x^2-3x+5$, 试求 $x>2$ 时 $f(x)$ 的解析式.

解：设 $x>2$，则 $4-x<2$，那么 $f(4-x)=(4-x)^2-3(4-x)+5=x^2-5x+9$，而 $f(x)$ 的图像关于直线 $x=2$ 对称，所以 $f(x)=f(4-x)=x^2-5x+9$.

变式练习3　已知函数 $y=f(x)$ 的定义域为 **R**，且以5为周期，当 $x\in[0,5)$ 时，$f(x)=2x+3e^x$，求 $x\in[5k,5k+5)$ 时 $y=f(x)$ 的解析式.

解：任意 $x\in[5k,5k+5)$，$x-5k\in[0,5)$，所以 $f(x-5k)=2x-10k+3e^{x-5k}$. 又因为 $y=f(x)$ 是周期为5的周期函数，所以 $f(x-5k)=f(x)$，所以 $f(x)=2x-10k+3e^{x-5k}$，$x\in[5k,5k+5)$.

变式练习4　设 $f(x)$ 是偶函数，当 $x>0$ 时，$f(x)=2ex^2+3e^x$，求 $x<0$ 时 $f(x)$ 的表达式.

解：当 $x>0$ 时，$f(x)=2ex^2+3e^x$，则 $f(-x)=2e\cdot(-x)^2+3e^{-x}=2ex^2+3e^{-x}$，由于 $f(x)$ 为偶函数，得 $f(x)=f(-x)$，当 $x<0$ 时，$f(x)=2ex^2+3e^{-x}$.

第九节　递推法

针对实际问题，建立一个定义在正整数集 $\mathbf{N}^*$ 上的函数 $f(n),n\in\mathbf{N}^*$，这种函数关系称为递推关系，从给定的初始值出发，通过这种递推关系，以及迭加、迭乘或者迭代等运算逐步递推后移，求得函数解析式，这种方法叫递推法.

例1　已知 $f(x)$ 是定义在正整数集上的函数，并且对任意的 $x,y\in\mathbf{N}^*$，$f(x+y)=f(x)+f(y)+xy$ 都成立，且 $f(1)=1$，求 $f(x)$.

解：令 $y=1$ 得 $f(x+1)-f(x)=1+x$，那么有
$$f(x)-f(x-1)=x,$$
$$f(x-1)-f(x-2)=x-1,$$
$$f(x-2)-f(x-3)=x-2,$$
$$\vdots$$
$$f(3)-f(2)=3,$$
$$f(2)-f(1)=2,$$

各个式子叠加得 $f(x)-f(1)=2+3+4+\cdots+x=\dfrac{2+x}{2}\times(x-1)=\dfrac{x^2+x-2}{2}$，即 $f(x)=\dfrac{x^2+x-2}{2}+1=\dfrac{x^2+x}{2}$.

例2　设 $g(x)$ 是定义在 $\mathbf{N}^*$ 上的函数，且 $g(1)=2$，$g(x+1)=\dfrac{g(x)+1}{2}$，求 $g(x)$ 的解

析式.

解: $g(1)=2$,则可得

$$g(2)=\frac{g(1)+1}{2}=\frac{3}{2},$$

$$g(3)=\frac{g(2)+1}{2}=\frac{5}{4},$$

$$g(4)=\frac{g(3)+1}{2}=\frac{9}{8},$$

$$g(5)=\frac{g(4)+1}{2}=\frac{17}{16},$$

$$\vdots$$

显然 $g(x)=\frac{g(x-1)+1}{2}=\frac{2^{x-1}+1}{2^{x-1}}$.

例 3 已知函数 $y=f(n)(n\in \mathbf{N}^*)$,设 $f(1)=2$,且任意的 $n_1,n_2\in \mathbf{N}^*$,有 $f(n_1+n_2)=f(n_1)\cdot f(n_2)$.

(1) 求 $f(3),f(4)$ 的值;

(2) 试猜想 $f(n)$ 的解析式,并用数学归纳法给出证明.

解: (1) 因为 $f(1)=2$, $f(n_1+n_2)=f(n_1)\cdot f(n_2)$,所以 $f(2)=f(1+1)=f(1)\cdot f(1)=2^2=4$, $f(3)=f(2+1)=f(2)\cdot f(1)=2^2\cdot 2=2^3=8$, $f(4)=f(3+1)=f(3)\cdot f(1)=2^3\cdot 2=2^4=16$.

(2) 猜想: $f(n)=2^n(n\in \mathbf{N}^*)$.

证明:当 $n=1$ 时, $f(1)=2^1=2$,所以猜想正确;

假设当 $n=k(k\geqslant 1)$ 时猜想正确,即 $f(x)=2^k$,那么当 $n=k+1$ 时, $f(k+1)=f(k)\cdot f(1)=2^k\cdot 2=2^{k+1}$.

综上可知,对于 $n\in \mathbf{N}^*$, $f(n)=2^n$.

例 4 函数列 $\{f_n(x)\}$ 满足 $f_1(x)=\frac{x}{\sqrt{1+x^2}}$ $(x>0)$, $f_{n+1}(x)=f_1[f_n(x)]$.

(1) 求 $f_2(x),f_3(x)$;

(2) 猜想 $f_n(x)$ 的解析式,并用数学归纳法证明.

解: (1) $f_2(x)=f_1[f_1(x)]=\frac{f_1(x)}{\sqrt{1+f_1^2(x)}}=\frac{x}{\sqrt{1+2x^2}}$, $f_3(x)=f_1[f_2(x)]=$

$\frac{f_2(x)}{\sqrt{1+f_2^2(x)}}=\frac{x}{\sqrt{1+3x^2}}$.

（2）猜想 $f_n(x)=\dfrac{x}{\sqrt{1+nx^2}}$，下面用数学归纳法证明．

当 $n=1$ 时，猜想成立．

假设当 $n=k$ 时猜想成立，即有 $f_k(x)=\dfrac{x}{\sqrt{1+kx^2}}$，那么 $f_{k+1}(x)=f_1[f_k(x)]=$

$\dfrac{f_k(x)}{\sqrt{1+f_k^2(x)}}=\dfrac{\dfrac{x}{\sqrt{1+kx^2}}}{\sqrt{1+\dfrac{x^2}{1+kx^2}}}=\dfrac{x}{\sqrt{1+(k+1)x^2}}$，这就是说，当 $n=k+1$ 时，猜想也成立．

综上可知，猜想对 $n\in\mathbf{N}^*$ 均成立，故 $f_n(x)=\dfrac{x}{\sqrt{1+nx^2}}$．

【方法总结】

递推法求解析式是有范围要求的，即自变量是正整数，有时递推归纳出解析式后，需要严格的证明（如用数字归纳法证明），这与后面求通项公式类似．我们不仅要学习证明，还要学习归纳、猜想，也就是不仅要培养解题能力，还要培养创新能力．

【变式练习】

变式练习 1　已知 $f(x+1)=2+\dfrac{1}{2}f(x)(x\in\mathbf{N}^*)$，且 $f(1)=a$，求 $f(x)$．

解：因为 $f(1)=a$，所以可得

$$f(2)=2+\dfrac{1}{2}f(1)=2+\dfrac{1}{2}a=4-2+\dfrac{1}{2}a,$$

$$f(3)=2+\dfrac{1}{2}f(2)=2+\dfrac{1}{2}\left(2+\dfrac{1}{2}a\right)=4-2^0+\dfrac{1}{2^2}a,$$

$$f(4)=2+\dfrac{1}{2}f(3)=2+\dfrac{1}{2}\left(3+\dfrac{1}{4}a\right)=4-2^{-1}+\dfrac{1}{2^3}a,$$

$$f(5)=2+\dfrac{1}{2}f(4)=2+\dfrac{1}{2}\left(3\dfrac{1}{2}+\dfrac{1}{8}a\right)=4-2^{-2}+\dfrac{1}{2^4}a,$$

$$\vdots$$

依此类推，得 $f(x)=4-2^{3-x}+\dfrac{1}{2^{x-1}}a$，证明略．

变式练习 2　设函数 $f(x)=\dfrac{x}{x+2}(x>0)$，观察：

$$f_1(x)=f(x)=\dfrac{x}{x+2},\ f_2(x)=f[f_1(x)]=\dfrac{x}{3x+4},$$

$$f_3(x) = f[f_2(x)] = \frac{x}{7x+8}, f_4(x) = f[f_3(x)] = \frac{x}{15x+16}.$$

猜想 $f_n(x)$ 的解析式,并用数学归纳法证明.

解:猜想 $f_n(x) = \dfrac{x}{(2^n-1)x+2^n}$,下面用数学归纳法证明.

当 $n=1$ 时,$f_1(x) = \dfrac{x}{x+2} = \dfrac{x}{(2-1)x+2^1}$,此时等式成立;

设当 $n=k$ 时,有 $f_k(x) = \dfrac{x}{(2^k-1)x+2^k}$,则当 $n=k+1$ 时,$f_{k+1}(x) = f[f_k(x)] =$

$\dfrac{\dfrac{x}{(2^k-1)x+2^k}}{\dfrac{x}{(2^k-1)x+2^k}+2} = \dfrac{x}{(2^{k+1}-1)x+2^{k+1}}.$ 故当 $n=k+1$ 时,等式也成立,由数学归纳法可知

原等式成立.

第二章　　求数列的通项公式

数列在中学数学中极具有独立性,又具有较强的综合性,是初等数学与高等数学的一个重要衔接点.

求数列的通项公式是研究数列问题的核心,常涉及等差、等比数列的定义、性质、基本运算.

数列可以看成以正整数集 $\mathbf{N}^*$ (或它的有限子集 $\{1,2,3,\cdots,n\}$) 为定义域的函数 $a_n = f(n)$ 当自变量按照从小到大的顺序依次取值时所对应的一列函数值,是一种特殊的函数. 会求通项公式是学好数列的关键,而求通项公式的方法和函数解析式的求法一脉相承,有许多相同或相似的地方.

第一节　　观察法

已知数列的前几项,要求写出数列的一个通项公式,主要从以下几个方面来考虑:一是对数列的项进行拆分以后,寻找各拆分项之间的规律;二是如果数列中出现正负项相间的话,则需用 $(-1)^n$ 或 $(-1)^{(n+1)}$ 来调节;三是与等差和等比数列相联系,利用特殊数列求解.

例 1 根据下面各数列的前几项的值,写出数列的一个通项公式:

(1) $\dfrac{2}{7}, \dfrac{4}{11}, \dfrac{1}{2}, \dfrac{4}{5}, \cdots$;

(2) $\dfrac{1}{2}, -2, \dfrac{9}{2}, -8, \dfrac{25}{2}, \cdots$;

(3) $1, 3, 7, 15, 31, \cdots$;

(4) $8, 88, 888, 8888, \cdots$;

(5) $7, 0, -7, 0, 7, \cdots$.

解:(1) $a_n = \dfrac{4}{14 + (n-1) \cdot (-3)} = \dfrac{4}{17 - 3n}$;

(2)$a_n = (-1)^{n+1}\dfrac{n^2}{2}$;

(3)$a_n = 2^n - 1$;

(4)$a_n = \dfrac{8}{9}(10^n - 1)$;

(5)$a_n = 7\sin\dfrac{n\pi}{2}$ 或 $a_n = 7\cos\dfrac{n-1}{2}\pi$.

例2 观察数列 $\sqrt{2},\sqrt{6},\sqrt{10},\sqrt{14},3\sqrt{2},\cdots$,写出该数列的通项公式 $a_n =$ _____.

解:由题意可知,该数列的特点是都是二次根号,根号下的数字依次为 $2,6,10,14,18$,显然构成了等差数列,首项为 2,公差为 4,利用等差数列的公式可以求出数列的通项公式,解得 $a_n = \sqrt{4n-2}$.

例3 观察下列三角形数表:

$$
\begin{array}{ccccc}
 & & 1 & & & \text{第一行} \\
 & 2 & & 2 & & \text{第二行} \\
 3 & & 4 & & 3 & \text{第三行} \\
4 & 7 & & 7 & 4 & \text{第四行} \\
5 & 11 & 14 & 11 & 5 & \text{第五行} \\
 & & \vdots & & &
\end{array}
$$

第七行的最大的数字是_____;设第 n 行的第二个数为 $a_n(n \geqslant 2, n \in \mathbf{N}^*)$,则 a_n 的表达式是_____.

解:由三角形数表知第六行的数字为 $6,16,25,25,16,6$,而第七行的数字又是第六行相邻数字相加得来的,故第七行最大数字为 50. 由题意,$a_n - a_{n-1} = n-1(n \geqslant 2)$,所以 $a_{n-1} - a_{n-2} = n-2, a_{n-2} - a_{n-3} = n-3, \cdots, a_3 - a_2 = 2$,将 $n-2$ 个式子相加得 $a_n - a_2 = 2 + 3 + 4 + \cdots + (n-1) = \dfrac{(n-2)(n+1)}{2} = \dfrac{1}{2}n^2 - \dfrac{1}{2}n - 1$,又因为 $a_2 = 2$,所以 $a_n = \dfrac{1}{2}n^2 - \dfrac{1}{2}n + 1(n \geqslant 2)$.

例4 随着科学技术的不断发展,人类通过计算机已找到了 630 万位的最大质数. 陈成在学习中发现由 $41,43,47,53,61,71,83,97$ 组成的数列中每一个数都是质数,他根据这列数的一个通项公式,得出了数列的后几项,发现它们也是质数,于是他断言:根据这个通项公式写出的数均为质数. 请你写出这个通项公式_____,从这个通项公式举出一个反例,说明陈成的说法是错误的:_____.

解:$a_n = 41 + 2 + 5 + 6 + \cdots + 2(n-1) = n(n-1) + 41$,令 $n = 41$,得 $a_n = 41 \times 41 = 1681$.

【方法总结】

根据某个数列前几项的某些特征,归纳出这个数列所有项都具有这些特征,猜想出通项公式,虽然猜想是否正确还需要证明,但这个归纳猜想可以帮助我们发现新事物,获得新知识.

【变式练习】

变式练习1　已知 $\{a_n\}$ 满足 $a_1=1$, $a_{n+1}=2a_n+1$,试写出该数列的前5项,并用观察法写出这个数列的一个通项公式.

解:因为 $a_1=1$, $a_{n+1}=2a_n+1$,所以 $a_2=3$, $a_3=7$, $a_4=15$, $a_5=31$,所以 $a_n=2^n-1$.

变式练习2　若 $a_1>0$,且 $a_1\neq 1$, $a_{n+1}=\dfrac{2a_n}{1+a_n}(n\geqslant 2)$,令 $a_1=2$,写出 a_2, a_3, a_4, a_5 的值,观察并归纳出这个数列的通项公式.

解: $a_1=2$, $a_2=\dfrac{4}{3}$, $a_3=\dfrac{8}{7}$, $a_4=\dfrac{16}{15}$, $a_5=\dfrac{32}{31}$,故 $a_n=\dfrac{2^n}{2^n-1}(n\geqslant 2)$.

变式练习3　观察以下等式:

$$1^3=1^2,$$

$$1^3+2^3=(1+2)^2,$$

$$1^3+2^3+3^3=(1+2+3)^2.$$

请表示出第四个等式,再归纳猜想出一般性结论.

解:第四个等式为 $1^3+2^3+3^3+4^3=(1+2+3+4)^2$.

归纳猜想: $1^3+2^3+3^3+\cdots+n^3=(1+2+3+\cdots+n)^2$.

变式练习4　已知 $a_1=\dfrac{1}{4}$, $a_n=\dfrac{1}{2}a_{n-1}+2^{-n}(n\geqslant 2)$.

计算这个数列前4项,并归纳该数列的通项公式.

解:把 $n=1,2,3,4$ 代入递推公式即可求出: $a_1=\dfrac{1}{4}$, $a_2=\dfrac{3}{8}$, $a_3=\dfrac{5}{16}$, $a_4=\dfrac{7}{32}$.

归纳可得 $a_n=\dfrac{2n-1}{2^{n+1}}$.

第二节　公式法

公式法主要应用于可定性为等差或等比数列的类型,可直接利用等差或等比数列的通项公式进行求解.

(1) 形如 $a_{n+1}-a_n=d$, a_1 已知,得到 $a_n=a_1+(n-1)d$.

(2) 形如 $a_{n+1}=q\cdot a_n$(q 为常数且 $q\neq 0$), a_1 已知, $a_n=a_1\cdot q^{n-1}$.

例 1 求下列数列的通项公式.

(1) 已知数列 $\{a_n\}$ 中，$a_1=2$，$a_{n+1}=a_n+4(n\in \mathbf{N}^*)$，求通项公式.

(2) 已知 $\{a_n\}$ 中，$a_1=-3$ 且 $a_{n+1}=3a_n$，求此数列的通项公式.

解：(1) 因为 $a_{n+1}=a_n+4$，所以 $a_{n+1}-a_n=4$，则 $\{a_n\}$ 是以 $a_1=2$ 为首项，4 为公差的等差数列，所以 $a_n=2+4(n-1)=4n-2$.

(2) 由 $a_{n+1}=3a_n$ 得 $\frac{a_{n+1}}{a_n}=3$，所以 $\{a_n\}$ 是以 $a_1=-3$ 为首项，3 为公比的等比数列，故 $a_n=-3\times 3^{n-1}$.

例 2 已知数列 $\{a_n\}$，$\{b_n\}$ 的首项均为 1，各项均为正数，对任意的不小于 2 的正整数 n，总有 $a_n^2=a_{n+1}a_{n-1}$，$b_n^2-b_n=b_{n-1}^2+b_{n-1}$ 成立，$a_2=2$，求数列 $\{a_n\}$，$\{b_n\}$ 的通项公式.

解：由于 $b_n^2-b_n=b_{n-1}^2+b_{n-1}$，整理得 $(b_n+b_{n-1})(b_n-b_{n-1})=b_{n-1}+b_n$，而 $b_{n-1}+b_n\neq 0$，故 $b_n-b_{n-1}=1$，所以 $\{b_n\}$ 为等差数列，所以 $b_n=n$. 由于 $a_n^2=a_{n+1}a_{n-1}$，可知 $\{a_n\}$ 为等比数列，$a_1=1$，$a_2=2$，所以 $a_n=2^{n-1}$.

例 3 已知数列 $\{a_n\}$ 满足 $a_n=2a_{n-1}+2^n(n\geqslant 2$ 且 $n\in \mathbf{N}^*)$，且 $a_1=1$.

(1) 证明：数列 $\left\{\frac{a_n}{2^n}\right\}$ 是等差数列；

(2) 求数列 $\{a_n\}$ 的前 n 项和 S_n.

分析：(1) 根据题意，对 $a_n=2a_{n-1}+2^n(n\geqslant 2$ 且 $n\in \mathbf{N}^*)$，变形可得 $\frac{a_n}{2^n}-\frac{a_{n-1}}{2^{n-1}}=1$，根据等差数列的定义分析可得结论. (2) 由(1)中的结论并结合等差数列的通项公式可得 $\frac{a_n}{2^n}=\frac{1}{2}+(n-1)=n-\frac{1}{2}$，即可得出 $a_n=(2n-1)\times 2^{n-1}$，再根据错位相减法即可求解出结果.

解：(1) 由 $a_n=2a_{n-1}+2^n$，可得 $\frac{a_n}{2^n}-\frac{a_{n-1}}{2^{n-1}}=1$，所以得 $\left\{\frac{a_n}{2^n}\right\}$ 为等差数列，公差为 1.

(2) $\frac{a_n}{2^n}=\frac{a_1}{2}+(n-1)\times 1=n-\frac{1}{2}$，$a_n=\left(n-\frac{1}{2}\right)\times 2^n=(2n-1)\times 2^{n-1}$，所以 $S_n=1+3\times 2+5\times 2^2+\cdots+(2n-1)\times 2^{n-1}$，$2S_n=1\times 2+3\times 2^2+5\times 2^3+\cdots+(2n-1)\times 2^n$，两式相减得 $-S_n=1+2\times 2+2\times 2^2+\cdots+2\times 2^{n-1}-(2n-1)\times 2^n=1+\frac{4(1-2^{n-1})}{1-2}-(2n-1)\times 2^n$，$S_n=(2n-3)\times 2^n+3$.

注：本题证明时采用了构造的方法，错位相减法主要用于数列的形式为等差乘等比的类型.

例 4 已知等差数列 $\{a_n\}$ 中，$a_3=3$，a_6-2，a_4，a_2+2 顺次成等比数列.

（1）求数列 $\{a_n\}$ 的通项公式；

（2）记 $b_n = \dfrac{(-1)^n a_{2n+1}}{a_n a_{n+1}}$，$\{b_n\}$ 的前 n 项和为 S_n，求 S_{2n}.

分析：（1）利用三项成等比数列可得 $a_4^2 = (a_2+2)(a_6-2)$，利用 a_3 和 d 来表示该等式，可求得 d，利用等差数列通项公式求得结果.（2）由（1）可得 $b_n = (-1)^n \left(\dfrac{1}{n} + \dfrac{1}{n+1}\right)$，则 S_{2n} 可利用裂项相消的方法来进行求解.

解：（1）设等差数列 $\{a_n\}$ 的公差为 d，因为 a_6-2, a_4, a_2+2 顺次成等比数列，所以 $a_4^2 = (a_2+2)(a_6-2)$，所以 $(a_3+d)^2 = (a_3-d+2)(a_3+3d-2)$.又因为 $a_3=3$，所以 $(3+d)^2 = (5-d)(1+3d)$，化简得：$d^2-2d+1=0$，解得 $d=1$，所以 $a_n = a_3+(n-3)d = 3+(n-3)\times1 = n$.

（2）由（1）得 $b_n = \dfrac{(-1)^n a_{2n+1}}{a_n a_{n+1}} = (-1)^n \dfrac{2n+1}{n(n+1)} = (-1)^n \left(\dfrac{1}{n} + \dfrac{1}{n+1}\right)$，所以 $S_{2n} = b_1 + b_2 + b_3 + \cdots + b_{2n} = -\left(1+\dfrac{1}{2}\right) + \left(\dfrac{1}{2}+\dfrac{1}{3}\right) - \left(\dfrac{1}{3}+\dfrac{1}{4}\right) + \cdots + \left(\dfrac{1}{2n}+\dfrac{1}{2n+1}\right) = -1 + \dfrac{1}{2n+1} = \dfrac{-2n}{2n+1}$.

【方法总结】

公式法求通项虽然是基础题，但要求对公式的掌握准确无误，在做题时要善于观察，灵活运用公式。

【变式练习】

变式练习 1 已知等差数列 $\{a_n\}$ 中，$a_1+a_5=20$，$a_4=14$，数列 $\{b_n\}$ 满足 $4\log_2 b_n = a_n-2$，$n \in \mathbf{N}^*$，求数列 $\{b_n\}$ 的通项公式.

解：设等差数列 $\{a_n\}$ 的公差为 d，由已知可得 $\begin{cases} a_1+a_1+4d=20, \\ a_1+3d=14, \end{cases}$ 解得 $\begin{cases} a_1=2, \\ d=4, \end{cases}$ 所以 $a_n = 4n-2$.又因为 $4\log_2 b_n = a_n-2 = 4(n-1)$，所以 $b_n = 2^{n-1}$.

变式练习 2 已知数列 $\{a_n\}$，$\{b_n\}$ 中，$a_1=2$，$b_1=1$，并且满足 $\begin{cases} a_n = \dfrac{3}{4}a_{n-1} + \dfrac{1}{4}b_{n-1} + 1 \\ b_n = \dfrac{1}{4}a_{n-1} + \dfrac{3}{4}b_{n-1} + 1 \end{cases} (n \geq 2)$，求数列 $\{a_n\}$，$\{b_n\}$ 的通项公式.

解：题中两式相加得 $a_n+b_n = a_{n-1}+b_{n-1}+2$，则 $\{a_n+b_n\}$ 是首项为 $a_1+b_1=3$，公差 $d=2$ 的等差数列，故 $a_n+b_n = 3+2(n-1) = 2n+1$①.两式相减得 $a_n-b_n = \dfrac{1}{2}a_{n-1} - \dfrac{1}{2}b_{n-1} = $

$\frac{1}{2}(a_{n-1}-b_{n-1})$，则 $\{a_n-b_n\}$ 是首项为 $a_1-b_1=1$，$q=\frac{1}{2}$ 的等比数列，故 $a_n-b_n=\left(\frac{1}{2}\right)^{n-1}$ ②.

联立 ①② 得 $\begin{cases} a_n+b_n=2n+1, \\ a_n-b_n=\left(\frac{1}{2}\right)^{n-1}, \end{cases}$ 由此得 $a_n=n+\frac{1}{2}+\left(\frac{1}{2}\right)^n$，$b_n=n+\frac{1}{2}-\left(\frac{1}{2}\right)^n$.

变式练习 3 在等差数列 $\{a_n\}$ 中，$a_3=12$，且 $a_4+a_6=5a_2$.

（1）求等差数列 $\{a_n\}$ 的通项公式；

（2）设各项均为正数的等比数列 $\{b_n\}$ 满足 $b_4=a_1$，$b_6=a_4$，求数列 $\{b_n-a_n\}$ 的前 n 项和 S_n.

解：（1）设数列 $\{a_n\}$ 的公差为 d，由已知 $\begin{cases} a_1+2d=12, \\ a_1+3d+a_1+5d=5(a_1+d), \end{cases}$ 解得 $\begin{cases} a_1=4, \\ d=4, \end{cases}$ 所以 $a_n=4n(n\in\mathbf{N}^*)$.

（2）设数列 $\{b_n\}$ 的公比为 q，由已知 $\begin{cases} b_4=4, \\ b_6=16, \end{cases}$ 解得 $\begin{cases} b_1=\frac{1}{2} \\ q=2 \end{cases}$ 或 $\begin{cases} b_1=-\frac{1}{2} \\ q=-2 \end{cases}$（舍），所以 $b_n=\frac{1}{2}\times 2^{n-1}=2^{n-2}$，所以 $b_n-a_n=2^{n-2}-4n$，$S_n=(2^{-1}-4)+(2^0-8)+(2^1-12)+\cdots+(2^{n-2}-4n)=(2^{-1}+2^0+2^1+\cdots+2^{n-2})-(4+8+12+\cdots+4n)=\frac{\frac{1}{2}(1-2^n)}{1-2}-\frac{(4+4n)n}{2}=\frac{1}{2}(2^n-1)-2n^2-2n=2^{n-1}-\frac{1}{2}-2n^2-2n(n\in\mathbf{N}^*)$.

变式练习 4 已知等比数列 $\{a_n\}$ 的前 n 项和为 $S_n(n\in\mathbf{N}^*)$，$-2S_2$，S_3，$4S_4$ 成等差数列，且 $a_2+a_3+2a_4=\frac{1}{4}$.

（1）求数列 $\{a_n\}$ 的通项公式；

（2）若 $b_n=-(n+2)\log_2|a_n|$，求数列 $\left\{\frac{1}{b_n}\right\}$ 的前 n 项和 T_n.

解：（1）设等比数列 $\{a_n\}$ 的公比为 q，由 $-2S_2$，S_3，$4S_4$ 成等差数列知，$2S_3=-2S_2+4S_4$，所以 $2a_4=-a_3$，即 $q=-\frac{1}{2}$，又因为 $a_2+a_3+2a_4=\frac{1}{4}$，所以 $a_1q+a_1q^2+2a_1q^3=\frac{1}{4}$，则 $a_1=-\frac{1}{2}$，所以等差数列 $\{a_n\}$ 的通项公式为 $a_n=\left(-\frac{1}{2}\right)^n$.

（2）由（1）知 $b_n=-(n+2)\log_2\left|\left(-\frac{1}{2}\right)^n\right|=n(n+2)$，所以 $\frac{1}{b_n}=\frac{1}{n(n+2)}=\frac{1}{2}\left(\frac{1}{n}-\frac{1}{n+2}\right)$，所以数列 $\left\{\frac{1}{b_n}\right\}$ 的前 n 项和为 $T_n=\frac{1}{2}\left[\left(1-\frac{1}{3}\right)+\left(\frac{1}{2}-\frac{1}{4}\right)+\left(\frac{1}{3}-\frac{1}{5}\right)+\cdots+\left(\frac{1}{n-1}-\frac{1}{n+1}\right)+\right.$

$\left(\dfrac{1}{n}-\dfrac{1}{n+2}\right)\Big]=\dfrac{1}{2}\left[1+\dfrac{1}{2}-\dfrac{1}{n+1}-\dfrac{1}{n+2}\right]=\dfrac{3}{4}-\dfrac{2n+3}{2(n+1)(n+2)}$，所以数列 $\left\{\dfrac{1}{b_n}\right\}$ 的前 n

项和 $T_n=\dfrac{3}{4}-\dfrac{2n+3}{2(n+1)(n+2)}$.

第三节 累加法

若 $a_n-a_{n-1}=f(n)(n=2,3,4,\cdots)$ 且 $f(1)+f(2)+\cdots+f(n-1)$ 可求，则用累加法求 a_n. 有时若不能直接用累加法，可变形成这种形式，然后求解.

例 1 已知数列 $\{a_n\}$ 满足 $a_{n+1}-(n+1)=a_n+n$，$a_1=1$，求数列 $\{a_n\}$ 的通项公式.

解：由 $a_{n+1}-(n+1)=a_n+n$ 得 $a_{n+1}-a_n=2n+1$，则，$a_n=(a_n-a_{n-1})+(a_{n-1}-a_{n-2})+\cdots+(a_3-a_2)+(a_2-a_1)+a_1=[2(n-1)+1]+[2(n-2)+1]+\cdots+(2\times2+1)+(2\times1+1)+1=2\times\dfrac{(n-1)n}{2}+(n-1)+1=(n-1)(n+1)+1=n^2$，所以数列 $\{a_n\}$ 的通项公式为 $a_n=n^2$.

注：本题的解题关键是把递推关系式 $a_{n+1}-(n+1)=a_n+n$ 转化为 $a_{n+1}-a_n=2n+1$，进而求出 $(a_n-a_{n-1})+(a_{n-1}-a_{n-2})+\cdots+(a_3-a_2)+(a_2-a_1)+a_1$，从而得出 $a_n-a_{n-1}=f(n)(n=2,3,4,\cdots)$，且 $f(1)+f(2)+\cdots+f(n-1)$ 可求，则用累加法求 a_n.

例 2 在数列 $\{a_n\}$ 中，$a_1=1$，$a_{n+1}=a_n+2^n(n\in\mathbf{N}^*)$，求 a_n.

解：当 $n=1$ 时，$a_1=1$，当 $n\geqslant2$ 时，则有

$$\begin{cases}a_2-a_1=2,\\a_3-a_2=2^2,\\a_4-a_3=2^3,\\\qquad\vdots\\a_n-a_{n-1}=2^{n-1},\end{cases}$$

以上 $n-1$ 个等式累加得 $a_n-a_1=2+2^2+\cdots+2^{n-1}=\dfrac{2(1-2^{n-1})}{1-2}$，故 $a_n=2^n-2+a_1=2^n-1$，且 $a_1=1$ 也满足该式，故 $a_n=2^n-1(n\in\mathbf{N}^*)$.

例 3 已知数列 $\{a_n\}$ 满足 $a_{n+1}+n+1-3^n=a_n+n+2+3^n$，$a_1=3$，求数列 $\{a_n\}$ 的通项公式.

解：$a_{n+1}+n+1-3^n=a_n+n+2+3^n$，则 $a_{n+1}-a_n=2\times3^n+1$，则有

$$a_n=(a_n-a_{n-1})+(a_{n-1}-a_{n-2})+\cdots+(a_3-a_2)+(a_2-a_1)+a_1$$

$$=(2\times3^{n-1}+1)+(2\times3^{n-2}+1)+\cdots+(2\times3^2+1)+(2\times3^1+1)+3$$

$$=2(3^{n-1}+3^{n-2}+\cdots+3^2+3^1)+(n-1)+3$$

$$= 2 \times \frac{3(1 - 3^{n-1})}{1 - 3} + (n - 1) + 3$$

$$= 3^n - 3 + n - 1 + 3$$

$$= 3^n + n - 1,$$

所以 $a_n = 3^n + n - 1$.

注: 本题的解题关键是把递推关系式 $a_{n+1} + n + 1 - 3^n = a_n + n + 2 + 3^n$ 转化为 $a_{n+1} - a_n = 2 \times 3^n + 1$, 进而由 $a_n = (a_n - a_{n-1}) + (a_{n-1} - a_{n-2}) + \cdots + (a_3 - a_2) + (a_2 - a_1) + a_1$ 得出数列 $\{a_n\}$ 的通项公式.

例 4 数列 $\{a_n\}$ 中, $a_n + 2^{n+1} = \frac{2^{n+1} a_n}{a_{n+1}}$, $a_1 = 2$, 求 $\{a_n\}$ 的通项公式.

解: $\frac{1}{a_{n+1}} = \frac{2^{n+1} + a_n}{2^{n+1} a_n}$, 所以 $\frac{1}{a_{n+1}} = \frac{1}{a_n} + \frac{1}{2^{n+1}}$, 设 $b_n = \frac{1}{a_n}$, 所以 $b_{n+1} = b_n + \frac{1}{2^{n+1}}$, $b_n = b_{n-1} + \frac{1}{2^n}$, 所以 $b_n - b_{n-1} = \frac{1}{2^n}$, $b_{n-1} - b_{n-2} = \frac{1}{2^{n-1}}$, $b_{n-2} - b_{n-3} = \frac{1}{2^{n-2}}$, $\cdots$, $b_3 - b_2 = \frac{1}{2^3}$, $b_2 - b_1 = \frac{1}{2^2}$, 所以 $b_n = 1 - \frac{1}{2^n}$, 所以 $\frac{1}{a_n} = \frac{2^n - 1}{2^n}$, 即 $a_n = \frac{2^n}{2^n - 1}$.

例 5 已知数列 $\{a_n\}$ 中, $a_1 = 1$, 且 $(n - 1)a_n = na_{n-1} + 2n(n-1) \times 3^{n-2} (n \geqslant 2, n \in \mathbf{N}^*)$.

(1) 求 a_2, a_3 的值及数列 $\{a_n\}$ 的通项公式;

(2) 令 $b_n = \frac{3^{n-1}}{a_n} (n \in \mathbf{N}^*)$, 数列 $\{b_n\}$ 的前 n 项和为 S_n, 试比较 S_{2^n} 与 n 的大小.

分析: (1) 令 $n = 2$, 求得 $a_2 = 6$, 同理令 $n = 3$, 求得 $a_3 = 27$. 将 $(n-1)a_n = na_{n-1} + 2n(n-1) \times 3^{n-2}$ 两边除以 $n(n - 1)$, 得到 $\frac{a_n}{n} = \frac{a_{n-1}}{n-1} + 2 \times 3^{n-2}$, 利用累加法求得 $\frac{a_n}{n} = 3^{n-1}$, 所以 $a_n = n \times 3^{n-1}$.

(2) 化简 $b_n = \frac{3^{n-1}}{a_n} = \frac{1}{n}$, 则 $S_{2^n} = 1 + \frac{1}{2} + \frac{1}{3} + \cdots + \frac{1}{2^n}$, 记函数 $f(n) = S_{2^n} - n = \left(1 + \frac{1}{2} + \frac{1}{3} + \cdots + \frac{1}{2^n}\right) - n$, 利用 $f(n+1) - f(n) < 0$ 可得, 当 $n = 1, 2$ 时, $S_{2^n} > n$; 当 $n \geqslant 3 (n \in \mathbf{N}^*)$ 时, $S_{2^n} < n$.

解: (1) 由题得 $a_n = \frac{n}{n-1}a_{n-1} + 2n \times 3^{n-2}$, 则当 $n = 2$ 时, $a_2 = \frac{2}{2-1}a_{2-1} + 2 \times 2 \times 3^{2-2} = 2 + 4 = 6$, 当 $n = 3$ 时, $a_3 = \frac{3}{3-1}a_{3-1} + 2 \times 3 \times 3^{3-2} = 9 + 18 = 27$. 因为 $(n-1)a_n = na_{n-1} + 2n(n-1) \times 3^{n-2}$, 所以 $\frac{a_n}{n} = \frac{a_{n-1}}{n-1} + 2 \times 3^{n-2}$, 当 $n \geqslant 2$ 时, 由累加法得 $\frac{a_n}{n} - \frac{a_1}{1} = 2 + 2 \times 3 + 2 \times 3^2 + \cdots + 2 \times$

3^{n-2}，因为 $a_1 = 1$，所以 $n \geqslant 2$ 时，有 $\dfrac{a_n}{n} = 1 + \dfrac{2(1-3^{n-1})}{1-3} = 3^{n-1}$，即 $a_n = n \times 3^{n-1}(n \geqslant 2)$，又因为

$n = 1$ 时，$a_1 = 1 \times 3^{1-1} = 1$，故 $a_n = n \times 3^{n-1}(n \in \mathbf{N}^*)$.

（2）$n \in \mathbf{N}^*$ 时，$b_n = \dfrac{3^{n-1}}{a_n} = \dfrac{1}{n}$，则 $S_{2^n} = 1 + \dfrac{1}{2} + \dfrac{1}{3} + \cdots + \dfrac{1}{2^n}$. 记函数 $f(n) = S_{2^n} - n =$

$\left(1 + \dfrac{1}{2} + \dfrac{1}{3} + \cdots + \dfrac{1}{2^n}\right) - n$，所以 $f(n+1) = \left(1 + \dfrac{1}{2} + \dfrac{1}{3} + \cdots + \dfrac{1}{2^{n+1}}\right) - (n+1)$，则 $f(n+$

$1) - f(n) = \left(\dfrac{1}{2^n + 1} + \dfrac{1}{2^n + 2} + \cdots + \dfrac{1}{2^{n+1}}\right) - 1 < \dfrac{2^n}{2^n + 1} - 1 < 0$，所以 $f(n+1) < f(n)$. 由于

$f(1) = S_{2^1} - 1 = \left(1 + \dfrac{1}{2}\right) - 1 > 0$，此时 $S_{2^1} > 1$，$f(2) = S_{2^2} - 2 = \left(1 + \dfrac{1}{2} + \dfrac{1}{3} + \dfrac{1}{4}\right) - 2 > 0$，

此时 $S_{2^2} > 2$，$f(3) = S_{2^3} - 3 = \left(1 + \dfrac{1}{2} + \dfrac{1}{3} + \dfrac{1}{4} + \dfrac{1}{5} + \dfrac{1}{6} + \dfrac{1}{7} + \dfrac{1}{8}\right) - 3 < 0$，则 $S_{2^3} < 3$，

由于 $f(n+1) < f(n)$，故 $n \geqslant 3$ 时，$f(n) \leqslant f(3) < 0$，此时 $S_{2^n} < n$. 综上所述，当 $n = 1, 2$ 时，

$S_{2^n} > n$；当 $n \geqslant 3(n \in \mathbf{N}^*)$ 时，$S_{2^n} < n$.

【方法总结】

用累加法求数列的通项公式时，要注意消去的是哪些项，留下的是哪些项．另外，要求的是通项 a_n，要注意下标，同时要对 $n = 1$ 进行检验．

【变式练习】

变式练习1　在数列 $\{a_n\}$ 中，$a_1 = 1$，$a_n - n - a_{n-1} + 1 = 0$（$n = 2, 3, 4, \cdots$），求 $\{a_n\}$ 的通项公式．

解：$a_n - a_{n-1} = n - 1$，因为 $n = 1$ 时，$a_1 = 1$，所以

$$\begin{cases} a_2 - a_1 = 1, \\ a_3 - a_2 = 2, \\ a_4 - a_3 = 3, \\ \quad\vdots \\ a_n - a_{n-1} = n - 1, \end{cases}$$

这 $n-1$ 个等式累加得 $a_n - a_1 = 1 + 2 + \cdots + (n-1) = \dfrac{n(n-1)}{2}$，故 $a_n = \dfrac{n(n-1)}{2} + a_1 =$

$\dfrac{n^2 - n + 2}{2}$，且 $a_1 = 1$ 也满足该式，所以 $a_n = \dfrac{n^2 - n + 2}{2}(n \in \mathbf{N}^*)$.

变式练习2　已知数列 $\{a_n\}$ 满足 $a_1 = 2$，$(n^2 + n)(a_{n+1} - a_n) = 1$，求 a_n.

解：由题得 $a_{n+1}-a_n=\dfrac{1}{n^2+n}=\dfrac{1}{n(n+1)}=\dfrac{1}{n}-\dfrac{1}{n+1}$，所以有 $a_n-a_{n-1}=\dfrac{1}{n-1}-\dfrac{1}{n}$，$a_{n-1}-a_{n-2}=\dfrac{1}{n-2}-\dfrac{1}{n-1}$，$\cdots$，$a_2-a_1=1-\dfrac{1}{2}$，由累加法可得 $a_n=3-\dfrac{1}{n}$.

变式练习3 设数列 $\{a_n\}$ 满足 $a_1=2,a_{n+1}=a_n+3\times2^{2n-1}$.

（1）求数列 $\{a_n\}$ 的通项公式；

（2）令 $b_n=na_n$，求数列 $\{b_n\}$ 的前 n 项和 S_n.

解：（1） $a_{n+1}-a_n=3\times2^{2n-1}$，当 $n\geqslant1$ 时，$a_{n+1}=[(a_{n+1}-a_n)+(a_n-a_{n-1})+\cdots+(a_2-a_1)]+a_1=3\times(2^{2n-1}+2^{2n-3}+\cdots+2)+2=2^{2(n+1)-1}$，$a_n=2^{2n-1}$，而 $a_1=2$，所以数列 $\{a_n\}$ 的通项公式为 $a_n=2^{2n-1}$.

（2）由 $b_n=na_n=n\times2^{2n-1}$ 知 $S_n=1\times2+2\times2^3+2\times2^5+\cdots+n\times2^{2n-1}$ ①，从而得 $2^2S_n=1\times2^3+2\times2^5+3\times2^7\cdots+n\times2^{2n+1}$ ②，①-②得 $(1-2^2)S_n=2+2^3+2^5+\cdots+2^{2n-1}-n\times2^{2n+1}$，即 $S_n=\dfrac{1}{9}\left[(3n-1)2^{2n+1}+2\right]$.

变式练习4 已知数列 $\{a_n\}$ 的前 n 项和为 S_n，$a_1=1$，$\dfrac{S_n}{n}=\dfrac{a_{n+1}}{2}-1(n\in\mathbf{N}^*)$.

（1）求数列 $\{a_n\}$ 的通项公式；

（2）在数列 $\{b_n\}$ 中，$b_n=\dfrac{1}{a_na_{n+1}}$，其前 n 项和为 T_n，求 T_n 的取值范围.

解：（1）当 $n\geqslant2$ 时，$S_n=\dfrac{na_{n+1}}{2}-n$，$S_{n-1}=\dfrac{(n-1)a_n}{2}-(n-1)$，两式相减得 $2a_n=na_{n+1}-(n-1)a_n-2$，整理得 $na_{n+1}-(n+1)a_n=2$，即 $\dfrac{a_{n+1}}{n+1}-\dfrac{a_n}{n}=\dfrac{2}{n(n+1)}$. 又因为 $\dfrac{a_2}{2}-\dfrac{a_1}{1}=1$，则 $\dfrac{a_n}{n}=\left(\dfrac{a_n}{n}-\dfrac{a_{n-1}}{n-1}\right)+\left(\dfrac{a_{n-1}}{n-1}-\dfrac{a_{n-2}}{n-2}\right)+\cdots+\left(\dfrac{a_3}{3}-\dfrac{a_2}{2}\right)+\left(\dfrac{a_2}{2}-\dfrac{a_1}{1}\right)+a_1=2\left[\left(\dfrac{1}{n-1}-\dfrac{1}{n}\right)+\left(\dfrac{1}{n-2}-\dfrac{1}{n-1}\right)+\cdots+\left(\dfrac{1}{2}-\dfrac{1}{3}\right)+\left(\dfrac{1}{1}-\dfrac{1}{2}\right)\right]+1$，则 $a_n=3n-2$，当 $n=1$ 时，$a_1=1$，所以 $a_n=3n-2$.

（2）$b_n=\dfrac{1}{a_na_{n+1}}=\dfrac{1}{(3n-2)(3n+1)}=\dfrac{1}{3}\left(\dfrac{1}{3n-2}-\dfrac{1}{3n+1}\right)$，则 $T_n=\dfrac{1}{3}\left[\left(\dfrac{1}{1}-\dfrac{1}{4}\right)+\left(\dfrac{1}{4}-\dfrac{1}{7}\right)+\cdots+\left(\dfrac{1}{3n-2}-\dfrac{1}{3n+1}\right)\right]=\dfrac{1}{3}\left(1-\dfrac{1}{3n+1}\right)=\dfrac{n}{3n+1}$，又因为 $T_{n+1}-T_n=\dfrac{n+1}{3(n+1)+1}-\dfrac{n}{3n+1}=\dfrac{1}{(3n+4)(3n+1)}>0$，所以数列 $\{T_n\}$ 单调递增，当 $n=1$ 时，T_n 的最小值为 $\dfrac{1}{4}$，又因为 $T_n=\dfrac{n}{3n+1}=\dfrac{1}{3+\dfrac{1}{n}}<\dfrac{1}{3}$，所以 T_n 的取值范围为 $\left[\dfrac{1}{4},\dfrac{1}{3}\right)$.

第四节　累乘法

形如 $\dfrac{a_n}{a_{n-1}}=f(n)(n=2,3,4,\cdots)$，且 $f(1)\times f(2)\times\cdots\times f(n-1)$ 可求，则用累乘法求 a_n.
有时若不能直接用累乘法，可变形成这种形式，然后求解.

例 1　已知数列 $\{a_n\}$ 满足 $a_1=\dfrac{2}{3}$，$a_{n+1}=\dfrac{a_n}{n}=\dfrac{a_n}{n+1}$，求通项公式 a_n.

解法 1： 由已知得 $\dfrac{a_{n+1}}{a_n}=\dfrac{n}{n+1}$，分别令 $n=1,2,3,\cdots,n-1$，代入上式得 $n-1$ 个等式，再累

乘，即 $\dfrac{a_2}{a_1}\times\dfrac{a_3}{a_2}\times\dfrac{a_4}{a_3}\times\cdots\times\dfrac{a_n}{a_{n-1}}=\dfrac{1}{2}\times\dfrac{2}{3}\times\dfrac{3}{4}\times\cdots\times\dfrac{n-1}{n}$，所以 $\dfrac{a_n}{a_1}=\dfrac{1}{n}$，又因为 $a_1=\dfrac{2}{3}$ 也满足

该式，所以 $a_n=\dfrac{2}{3n}$.

解法 2： 变形得 $(n+1)a_{n+1}=na_n=(n-1)a_{n-1}=\cdots=a_1=\dfrac{2}{3}$，所以 $a_n=\dfrac{2}{3n}$.

例 2　已知数列 $\{a_n\}$ 满足 $\dfrac{a_{n+1}}{n+1}=2\times 5^n\times a_n$，$a_1=3$，求数列 $\{a_n\}$ 的通项公式.

解： 因为 $\dfrac{a_{n+1}}{n+1}=2\times 5^n\times a_n$，$a_1=3$，所以 $a_n\neq 0$，则 $\dfrac{a_{n+1}}{a_n}=2\times(n+1)\times 5^n$，故

$$a_n=\dfrac{a_n}{a_{n-1}}\times\dfrac{a_{n-1}}{a_{n-2}}\times\cdots\times\dfrac{a_3}{a_2}\times\dfrac{a_2}{a_1}\times a_1$$

$$=\left[2\times(n-1+1)\times 5^{n-1}\right]\left[2\times(n-2+1)\times 5^{n-2}\right]\times\cdots\times\left[2\times(2+1)\times 5^2\right]\left[2\times(1+1)\times 5^1\right]\times 3$$

$$=2^{n-1}\left[n\times(n-1)\times\cdots\times 3\times 2\right]\times 5^{(n-1)+(n-2)+\cdots+2+1}\times 3$$

$$=3\times 2^{n-1}\times 5^{\frac{n(n-1)}{2}}\times n!,$$

所以数列 $\{a_n\}$ 的通项公式为 $a_n=3\times 2^{n-1}\times 5^{\frac{n(n-1)}{2}}\times n!$.

注： 本题解题的关键是把递推关系 $\dfrac{a_{n+1}}{n+1}=2\times 5^n\times a_n$ 转化为 $\dfrac{a_{n+1}}{a_n}=2\times(n+1)\times 5^n$.

例 3　已知数列 $\{a_n\}$ 的前 n 项和为 S_n，若 $4S_{n-1}=(2n-3)a_n+1$，$n\geqslant 2$，且 $a_1=1$.

（1）求数列 $\{a_n\}$ 的通项公式；

（2）设 $a_n(a_n+2)c_n=1$，数列 $\{c_n\}$ 的前 n 项和为 T_n.① 求 T_n；② 对任意的 $n\in\mathbf{N}^*$ 及 $x\in\mathbf{R}$，不等式 $kx^2-6kx+k+7+3T_n>0$ 恒成立，求实数 k 的取值范围.

分析： （1）充分利用已知条件 $4S_{n-1}=(2n-3)a_n+1$，将式子中 $n-1$ 换成 n，然后相减得到 a_n 与 a_{n+1} 的关系，利用累乘法得到数列的通项.（2）① 利用裂项求和，即可求出 T_n；② 根据函数的思想求出 $\dfrac{n}{2n+1}\geqslant\dfrac{1}{3}$，问题转化为 $kx^2-6kx+k+8>0$ 恒成立，分类讨论即可.

解:(1) 因为 $4S_{n-1}=(2n-3)a_n+1,n\geqslant2$,所以 $4S_n=(2n-1)a_{n+1}+1$,所以 $4a_n=(2n-1)a_{n+1}-(2n-3)a_n$,整理得 $(2n+1)a_n=(2n-1)a_{n+1}$,即 $\dfrac{a_{n+1}}{a_n}=\dfrac{2n+1}{2n-1}$. 所以 $\dfrac{a_2}{a_1}=3,\dfrac{a_3}{a_2}=\dfrac{5}{3},\cdots,\dfrac{a_n}{a_{n-1}}=\dfrac{2n-1}{2n-3}$,以上各式相乘得 $\dfrac{a_n}{a_1}=2n-1$,又因为 $a_1=1$,所以 $a_n=2n-1$.

(2)① 因为 $c_n=\dfrac{1}{a_n(a_n+2)}=\dfrac{1}{(2n-1)(2n+1)}=\dfrac{1}{2}\left(\dfrac{1}{2n-1}-\dfrac{1}{2n+1}\right)$,所以 $T_n=\dfrac{1}{2}\left(1-\dfrac{1}{3}+\dfrac{1}{3}-\dfrac{1}{5}+\cdots+\dfrac{1}{2n-1}-\dfrac{1}{2n+1}\right)=\dfrac{1}{2}\left(1-\dfrac{1}{2n+1}\right)=\dfrac{n}{2n+1}$.

② 由①可知 $T_n=\dfrac{n}{2n+1}$,所以 $\dfrac{n}{2n+1}\geqslant\dfrac{1}{3}$,因为 $kx^2-6kx+k+7+3T_n>0$ 恒成立,所以 $kx^2-6kx+k+8>0$ 恒成立. 当 $k=0$ 时,$8>0$ 恒成立;当 $k\neq0$ 时,则得 $\begin{cases}k>0,\\ \Delta=36k^2-4k(k+8)<0,\end{cases}$ 解得 $0<k<1$. 综上所述,实数 k 的取值范围为 $[0,1)$.

【方法总结】

用累乘法求数列的通项公式时要注意消去的是哪些项,留下的是哪些项. 要求的是通项 a_n,要注意下标,且把握累乘的目的是出现分子、分母相抵消的情况.

【变式练习】

变式练习 1 在数列 $\{a_n\}$ 中,$a_1=1,a_{n+2}=(n+1)a_{n+1}$,求通项公式 a_n.

解:由 $a_{n+2}=(n+1)a_{n+1}$ 得 $\dfrac{a_{n+1}}{a_n}=n$,分别取 $n=1,2,3,\cdots,n-1$,代入得 $n-1$ 个等式,再将 $n-1$ 个等式累乘,即 $\dfrac{a_2}{a_1}\times\dfrac{a_3}{a_2}\times\dfrac{a_4}{a_3}\times\cdots\times\dfrac{a_n}{a_{n-1}}=1\times2\times3\times\cdots\times(n-1)=(n-1)!$,所以 $\dfrac{a_n}{a_1}=(n-1)!$,又因为 $a_1=1$,故 $a_n=(n-1)!$,且 $a_1=0!=1$ 也适用该式,所以 $a_n=(n-1)!$ $(n\in\mathbf{N}^*)$.

变式练习 2 已知数列 $\{a_n\}$ 满足 $a_1=1,a_n=a_1+2a_2+3a_3+\cdots+(n-1)a_{n-1}(n\geqslant2)$,求数列 $\{a_n\}$ 的通项公式.

解:因为 $a_n=a_1+2a_2+3a_3+\cdots+(n-1)a_{n-1}(n\geqslant2)$①,所以 $a_{n+1}=a_1+2a_2+3a_3+\cdots+(n-1)a_{n-1}+na_n$②,②-①得 $a_{n+1}-a_n=na_n$,则 $a_{n+1}=(n+1)a_n(n\geqslant2)$,故 $\dfrac{a_{n+1}}{a_n}=n+1(n\geqslant2)$,所以 $a_n=\dfrac{a_n}{a_{n-1}}\times\dfrac{a_{n-1}}{a_{n-2}}\times\cdots\times\dfrac{a_3}{a_2}\times a_2=[n\times(n-1)\times\cdots\times4\times3]\times a_2=\dfrac{n!}{2}a_2$③,由于 $a_n=a_1+2a_2+3a_3+\cdots+(n-1)a_{n-1}(n\geqslant2)$,取 $n=2$ 得 $a_2=a_1$,又知 $a_1=1$,则 $a_2=1$,代入③得

$a_n = \dfrac{n!}{2}$，所以 $\{a_n\}$ 的通项公式为 $a_n = \dfrac{n!}{2}$．

变式练习 3 已知数列 $\{a_n\}$ 满足 $a_1 = \dfrac{2}{3}$，$(n+1)a_{n+1} = 2na_n$，求通项公式 a_n．

解：由 $(n+1)a_{n+1} = 2na_n$ 得 $\dfrac{a_{n+1}}{a_n} = \dfrac{2n}{n+1}$，所以 $\dfrac{a_n}{a_{n-1}} = \dfrac{2(n-1)}{n}$，$\dfrac{a_{n-1}}{a_{n-2}} = \dfrac{2(n-2)}{n-1}$，$\cdots$，$\dfrac{a_2}{a_1} = \dfrac{2 \times 1}{2}$，由累乘法可得 $a_n = \dfrac{2^n}{3n}$．

第五节　取倒数法

有些关于通项的递推关系式变形后含有 $a_n a_{n+1}$ 项，直接求相邻两项的关系很困难，但两边同除以 $a_n a_{n+1}$ 后，相邻两项的倒数的关系容易求得，从而可间接求出 a_n．

例 1 已知数列 $\{a_n\}$ 中，$a_1 = 2$，$a_n = a_{n-1} - 2a_n a_{n-1}(n \geqslant 2)$，求数列的通项公式．

解：因为当 $n \geqslant 2$ 时，$a_n = a_{n-1} - 2a_n a_{n-1}$，所以 $\dfrac{1}{a_n} - \dfrac{1}{a_{n-1}} = 2$，则 $\left\{\dfrac{1}{a_n}\right\}$ 是以 $\dfrac{1}{a_1} = \dfrac{1}{2}$ 为首项，2 为公差的等差数列，所以 $\dfrac{1}{a_n} = \dfrac{1}{2} + (n-1) \times 2 = \dfrac{4n-3}{2}$，所以 $a_n = \dfrac{2}{4n-3}(n \geqslant 2)$，又因为 $a_1 = 2$，故 $a_n = \dfrac{2}{4n-3}(n \in \mathbf{N}^*)$ 为所求的通项公式．

例 2 已知数列 $\{a_n\}$ 中，$a_1 = 1$，$a_n = \dfrac{a_{n+1}}{1 - a_{n+1}}(n \in \mathbf{N}^*)$，求数列的通项公式．

解：因为 $a_n = \dfrac{a_{n+1}}{1 - a_{n+1}}$，所以 $\dfrac{1}{a_n} = \dfrac{1 - a_{n+1}}{a_{n+1}} = \dfrac{1}{a_{n+1}} - 1$，设 $b_n = \dfrac{1}{a_n}$，则 $b_{n+1} = b_n + 1$，故 $\{b_n\}$ 是以 $b_1 = \dfrac{1}{a_1} = 1$ 为首项，1 为公差的等差数列，所以 $b_n = 1 + (n-1) = n$，所以 $a_n = \dfrac{1}{b_n} = \dfrac{1}{n}$．

注：这种方法类似于换元法，主要用于已知递推关系式求通项公式的情形．

例 3 已知数列 $\{a_n\}$ 满足 $a_1 = \dfrac{3}{2}$，且 $(3n - 2a_n)a_{n-1} + (1-n)a_n = 0(n \geqslant 2, n \in \mathbf{N}^*)$，求数列的通项公式．

解：把原式变形成 $2a_n a_{n-1} + (n-1)a_n = 3na_{n-1}$，两边同除以 $3a_n a_{n-1}$ 得 $\dfrac{n}{a_n} = \dfrac{1}{3} \dfrac{n-1}{a_{n-1}} + \dfrac{2}{3}$①．构造新数列 $\left\{\dfrac{n}{a_n} + \lambda\right\}$，使其成为公比 $q = \dfrac{1}{3}$ 的等比数列，即 $\dfrac{n}{a_n} + \lambda = \dfrac{1}{3}\left(\dfrac{n-1}{a_{n-1}} + \lambda\right)$，整理得 $\dfrac{n}{a_n} = \dfrac{n-1}{3a_{n-1}} - \dfrac{2}{3}\lambda$，满足 ① 式，则 $-\dfrac{2}{3}\lambda = \dfrac{2}{3}$，所以 $\lambda = -1$，所以数列 $\left\{\dfrac{n}{a_n} - 1\right\}$ 是首项为 $\dfrac{1}{a_1} - 1 = -\dfrac{1}{3}$，公比为 $\dfrac{1}{3}$ 的等比数列，所以 $\dfrac{n}{a_n} - 1 = -\dfrac{1}{3}\left(\dfrac{1}{3}\right)^{n-1} = -\left(\dfrac{1}{3}\right)^n$，所以 $a_n = \dfrac{n \cdot 3^n}{3^n - 1}$．

例 4 已知各项均为正数的数列 $\{a_n\}$ 满足：$a_1=3, \dfrac{2a_{n+1}-a_n}{a_n a_{n+1}}=2a_n-a_{n+1}, n\in \mathbf{N}^*$，求数列 $\{a_n\}$ 的通项公式.

解：把原式变形为 $2a_{n+1}-a_n=a_n a_{n+1}(2a_n-a_{n+1})$，两边同除以 $a_n a_{n+1}$ 得 $\dfrac{2}{a_n}-\dfrac{1}{a_{n+1}}=2a_n-a_{n+1}$，移项得 $\dfrac{1}{a_{n+1}}-a_{n+1}=2\left(\dfrac{1}{a_n}-a_n\right)$，所以新数列 $\left\{\dfrac{1}{a_n}-a_n\right\}$ 是首项为 $\dfrac{1}{a_1}-a_1=\dfrac{1}{3}-3=-\dfrac{8}{3}$，公比为 2 的等比数列，故 $\dfrac{1}{a_n}-a_n=-\dfrac{1}{3}\times 2^{n+2}$，解关于 a_n 的方程可得 $a_n=\dfrac{1}{3}(2^{n+1}+\sqrt{2^{2n+2}+9})$.

【方法总结】

由递推公式求出通项公式是一个难点，要抓住递推公式的特征，进行合理变形，取倒数法就是一种合理变形，这反映出了思维的灵活性.

【变式练习】

变式练习1 已知数列 $\{a_n\}$ 中，$a_1=-1, 1-a_n=\dfrac{a_n}{a_{n+1}}, n\in \mathbf{N}^*$，求数列 $\{a_n\}$ 的通项公式.

解：把原式变形得 $a_{n+1}-a_{n+1}\cdot a_n=a_n$，两边同除以 $a_n a_{n+1}$ 得 $\dfrac{1}{a_n}=\dfrac{1}{a_{n+1}}+1$，故 $\left\{\dfrac{1}{a_n}\right\}$ 是首项为 -1，公差为 -1 的等差数列，故 $\dfrac{1}{a_n}=-1+(n-1)(-1)=-n$，故 $a_n=-\dfrac{1}{n}$.

变式练习 2 已知数列 $\{a_n\}$ 的首项 $a_1=\dfrac{3}{5}, a_n=\dfrac{a_{n+1}}{3-2a_{n+1}}(n\in \mathbf{N}^*)$.

求证：数列 $\left\{\dfrac{1}{a_n}-1\right\}$ 为等比数列.

证明：取倒数得 $\dfrac{1}{a_n}=\dfrac{3}{a_{n+1}}-2$，即 $\dfrac{1}{a_{n+1}}=\dfrac{2}{3}+\dfrac{1}{3a_n}$，所以 $\dfrac{1}{a_{n+1}}-1=\dfrac{1}{3a_n}-\dfrac{1}{3}=\dfrac{1}{3}\left(\dfrac{1}{a_n}-1\right)$，因为 $\dfrac{1}{a_1}-1\neq 0$，所以 $\dfrac{1}{a_n}-1\neq 0(n\in \mathbf{N}^*)$，所以数列 $\left\{\dfrac{1}{a_n}-1\right\}$ 为等比数列.

变式练习 3 设数列 $\{a_n\}$ 满足 $a_1=0, a_{n+1}-a_n=(1-a_n)(1-a_{n+1})$.

(1) 求 $\{a_n\}$ 的通项公式；

(2) 设 $b_n=\dfrac{1-\sqrt{a_{n+1}}}{\sqrt{n}}$，记 $S_n=\sum_{k=1}^{n}b_k$，证明：$S_n<1$.

解：(1) 由 $a_1=0, a_{n+1}-a_n=(1-a_n)(1-a_{n+1})$ 得 $(1-a_n)-(1-a_{n+1})=(1-a_n)(1-a_{n+1})$，两边同时除以 $(1-a_n)(1-a_{n+1})$，即 $\dfrac{1}{1-a_{n+1}}-\dfrac{1}{1-a_n}=1$，所以数列

$\left\{\dfrac{1}{1-a_n}\right\}$ 是等差数列，首项为 $\dfrac{1}{1-a_1}=1$，故 $\dfrac{1}{1-a_n}=1+(n-1)\times 1=n$，故 $a_n=1-\dfrac{1}{n}$.

$(2)b_n=\dfrac{1-\sqrt{a_{n+1}}}{\sqrt{n}}=\dfrac{1-\sqrt{1-\dfrac{1}{n+1}}}{\sqrt{n}}=\dfrac{\sqrt{n+1}-\sqrt{n}}{\sqrt{n}\sqrt{n+1}}=\dfrac{1}{\sqrt{n}}-\dfrac{1}{\sqrt{n+1}}$，所以 $S_n=\sum\limits_{k=1}^{n}b_k=$

$1-\dfrac{1}{\sqrt{2}}+\dfrac{1}{\sqrt{2}}-\dfrac{1}{\sqrt{3}}+\cdots+\dfrac{1}{\sqrt{n}}-\dfrac{1}{\sqrt{n+1}}=1-\dfrac{1}{\sqrt{n+1}}<1.$

第六节　利用公式 $a_n=\begin{cases}S_1,&n=1\\S_n-S_{n-1},&n\geqslant 2\end{cases}$

有些数列给出 $\{a_n\}$ 的前 n 项和 S_n 与 a_n 的关系式 $S_n=f(a_n)$，利用该式写出 $S_{n+1}=f(a_{n+1})$，两式作差，再利用 $a_{n+1}=S_{n+1}-S_n$ 导出 a_{n+1} 与 a_n 的递推式，从而求出 a_n. 若知数列的前 n 项和 S_n，则 $a_n=\begin{cases}S_1,&n=1,\\S_n-S_{n-1},&n\geqslant 2,\end{cases}$ 需要注意的是，对于 $n=1$ 时的情况一定要检验，若当 $n=1$ 时，a_1 也满足 a_n 的表达式，则两式可合并.

例 1　已知数列 $\{a_n\}$ 的前 n 项和 $S_n=\dfrac{3^{n+1}}{2}+\dfrac{3}{2}$，求数列 $\{a_n\}$ 的通项公式.

解：当 $n\geqslant 2$ 时，$a_n=\dfrac{3^{n+1}}{2}+\dfrac{3}{2}-\dfrac{3^n}{2}-\dfrac{3}{2}=\dfrac{3^n}{2}\times(3-1)=3^n$；

当 $n=1$ 时，$a_1=3^1\neq S_1$.

故 $a_n=\begin{cases}6,&n=1,\\3^n,&n\geqslant 2.\end{cases}$

例 2　已知数列 $\{a_n\}$ 的前 n 项和为 S_n，且满足 $a_1=\dfrac{1}{2}$，$a_n+2S_nS_{n-1}=0(n\geqslant 2)$，求数列 $\{a_n\}$ 的通项公式.

解：因为当 $n\geqslant 2$ 时，有 $a_n+2S_nS_{n-1}=0$，$a_n=S_n-S_{n-1}$，所以 $S_n-S_{n-1}=-2S_nS_{n-1}$，所以 $\dfrac{1}{S_n}-\dfrac{1}{S_{n-1}}=2$，则 $\left\{\dfrac{1}{S_n}\right\}$ 是以 $\dfrac{1}{S_1}=\dfrac{1}{a_1}=2$ 为首项，2 为公差的等差数列，所以 $\dfrac{1}{S_n}=2+(n-1)\times 2=2n$，所以 $S_n=\dfrac{1}{2n}(n\geqslant 2)$. 因为 $a_n=S_n-S_{n-1}$，所以 $a_n=\dfrac{1}{2n}-\dfrac{1}{2(n-1)}=-\dfrac{1}{2n(n-1)}(n\geqslant 2)$，又因为 $a_1=\dfrac{1}{2}$，故 $a_n=\begin{cases}\dfrac{1}{2},&n=1,\\-\dfrac{1}{2n(n-1)},&n\geqslant 2\end{cases}$ 为所求的通项公式.

例 3 已知数列 $\{a_n\}$ 的前 n 项和为 S_n，满足 $a_1 = \dfrac{3}{2}$，$S_n - n = -a_n + 2$，求数列 $\{a_n\}$ 的通项公式.

解：因为 $S_n + a_n = n + 2$①，所以 $S_{n+1} + a_{n+1} = (n+1) + 2$②，②－①得 $2a_{n+1} = a_n + 1$，所以 $2(a_{n+1} - 1) = a_n - 1$，所以 $\dfrac{a_{n+1} - 1}{a_n - 1} = \dfrac{1}{2}$，即数列 $\{a_n - 1\}$ 是以 $a_1 - 1 = \dfrac{3}{2} - 1 = \dfrac{1}{2}$ 为首项，以 $\dfrac{1}{2}$ 为公比的等比数列，故 $a_n - 1 = \dfrac{1}{2} \times \left(\dfrac{1}{2}\right)^{n-1} = \left(\dfrac{1}{2}\right)^n$，从而 $a_n = \left(\dfrac{1}{2}\right)^n + 1$，又因为 $a_1 = \dfrac{3}{2}$，故 $a_n = \left(\dfrac{1}{2}\right)^n + 1$ 为所求的通项公式.

例 4 设数列 $\{a_n\}$ 的前 n 项和为 S_n，已知 $a_1 = 1$，$\dfrac{1}{S_n} - \dfrac{2}{S_{n+1}} = \dfrac{1}{S_n S_{n+1}}(n \in \mathbf{N}^*)$.

（1）求证：数列 $\{a_n\}$ 为等比数列；

（2）若数列 $\{b_n\}$ 满足：$b_1 = 1$，$b_{n+1} = \dfrac{b_n}{2} + \dfrac{1}{a_{n+1}}$，求数列 $\{b_n\}$ 的通项公式.

分析：（1）由题设的递推关系式得到 $\dfrac{a_{n+1}}{a_n} = 2(n \geqslant 2)$，即可证得数列 $\{a_n\}$ 为等比数列.

（2）由（1）可知，$a_n = 2^{n-1}$，化简得 $2^n b_{n+1} - 2^{n-1} b_n = 1$，则数列 $\{2^{n-1} b_n\}$ 是首项为 1、公差为 1 的等差数列，即可求得 $b_n = \dfrac{n}{2^{n-1}}$.

解：（1）由 $\dfrac{1}{S_n} - \dfrac{2}{S_{n+1}} = \dfrac{1}{S_n S_{n+1}}$ 得 $S_{n+1} - 2S_n = 1$，则 $S_n - 2S_{n-1} = 1(n \geqslant 2)$，两式相减，得 $a_{n+1} - 2a_n = 0$，即 $\dfrac{a_{n+1}}{a_n} = 2(n \geqslant 2)$，因为 $a_1 = 1$，由 $(a_1 + a_2) - 2a_1 = 1$，得 $a_2 = 2$，所以 $\dfrac{a_2}{a_1} = 2$，所以 $\dfrac{a_{n+1}}{a_n} = 2$ 对任意 $n \in \mathbf{N}^*$ 都成立，所以数列 $\{a_n\}$ 为等比数列，首项为 1，公比为 2.

（2）由（1）可知，$a_n = 2^{n-1}$，又因为 $b_{n+1} = \dfrac{b_n}{2} + \dfrac{1}{a_{n+1}}$，得 $b_{n+1} = \dfrac{b_n}{2} + \dfrac{1}{2^n}$，即 $2^n b_{n+1} - 2^{n-1} b_n = 1$，因为 $b_1 = 1$，所以数列 $\{2^{n-1} b_n\}$ 是首项为 1、公差为 1 的等差数列，得 $2^{n-1} b_n = 1 + (n-1) \times 1 = n$，所以 $b_n = \dfrac{n}{2^{n-1}}$.

注：此类题目是数列问题中的常见题型，对计算能力要求较高，解答时确定通项公式是基础.

【方法总结】

我们规定数列 $\{a_n\}$ 的前 n 项和为 S_n，即 $S_n = a_1 + a_2 + \cdots + a_n$，则 $S_{n-1} = a_1 + a_2 + \cdots +$

a_{n-1},则 $a_n = \begin{cases} S_1, & n=1, \\ S_n - S_{n-1}, & n \geqslant 2 \end{cases}$ 反映了 a_n 与 S_n 的关系,是数列中的一个重要性质,要熟练掌握.解题时常常会因为忽略了 $n \geqslant 2$ 的条件而出错,要注意讨论 $n=1$ 和 $n \geqslant 2$ 两种情况.

【变式练习】

变式练习 1 已知各项均为正数的数列 $\{a_n\}$ 的前 n 项和为 S_n,满足 $S_1 > 1, 6S_n = a_n^2 + 3a_n + 2, n \in \mathbf{N}^*$,求 $\{a_n\}$ 的通项公式.

解: 由 $6S_n = a_n^2 + 3a_n + 2$ 得 $6S_n = (a_n+1)(a_n+2)$,$a_1 = S_1 = \frac{1}{6}(a_1+1)(a_1+2)$,解得 $a_1 = 1$ 或 $a_1 = 2$,因为 $a_1 = S_1 > 1$,由已知条件求得 $a_1 = 2$,又由 $a_{n+1} = S_{n+1} - S_n = \frac{1}{6}(a_{n+1}+1)(a_{n+1}+2) - \frac{1}{6}(a_n+1)(a_n+2)$ 得 $(a_{n+1}+a_n)(a_{n+1}-a_n-3)=0$,因为 $a_n > 0$,所以 $a_{n+1} - a_n = 3$,从而 $\{a_n\}$ 是首项为 2、公差为 3 的等差数列,故 $\{a_n\}$ 的通项为 $a_n = 2 + 3(n-1) = 3n - 1$.

变式练习 2 已知各项全不为 0 的数列 $\{a_k\}$ 的前 k 项和为 S_k,且 $\frac{1}{S_k} = \frac{2}{a_k a_{k+1}} (k \in \mathbf{N}^*)$,其中 $a_1 = 1$,求数列 $\{a_k\}$ 的通项公式.

解: 由已知得 $S_k = \frac{1}{2} a_k a_{k+1}$,当 $k=1$ 时,$a_1 = S_1 = \frac{1}{2} a_1 a_2$,$a_1 = 1$,则 $a_2 = 2$;当 $k \geqslant 2$ 时,由 $a_k = S_k - S_{k-1} = \frac{1}{2} a_k a_{k+1} - \frac{1}{2} a_{k-1} a_k$ 得 $a_k(a_{k+1} - a_{k-1}) = 2a_k$,因为 $a_k \neq 0$,所以 $a_{k+1} - a_{k-1} = 2$,从而 $a_{2m-1} = 1 + 2(m-1) = 2m - 1$,$a_{2m} = 2 + 2(m-1) = 2m (m \in \mathbf{N}^*)$,故 $a_k = k(k \in \mathbf{N}^*)$.

变式练习 3 数列 $\{a_n\}$ 的前 n 项和为 S_n,$a_1 = 1$,$\frac{1}{S_n} = \frac{2}{a_{n+1}}$ ($n \in \mathbf{N}^*$),求 $\{a_n\}$ 的通项公式.

解: 由已知得 $a_{n+1} = 2S_n$,因为 $a_1 = 1$,则 $a_2 = 2S_1 = 2$,当 $n \geqslant 2$ 时,$a_n = S_n - S_{n-1} = \frac{1}{2}(a_{n+1} - a_n)$ 得 $\frac{a_{n+1}}{a_n} = 3$,因此 $\{a_n\}$ 是首项为 $a_2 = 2$,$q=3$ 的等比数列,故 $a_n = 2 \times 3^{n-2} (n \geqslant 2)$,而 $a_1 = 1$ 不满足该式,所以 $a_n = \begin{cases} 1, & n=1, \\ 2 \times 3^{n-2}, & n \geqslant 2. \end{cases}$

变式练习 4 数列 $\{a_n\}$ 的前 n 项和为 S_n,且 $3S_n = 4a_n - 2^{n+1} + 2 (n=1,2,3,\cdots)$,求 $\{a_n\}$ 的通项公式.

解: $S_n = \frac{4}{3} a_n - \frac{1}{3} \times 2^{n+1} + \frac{2}{3} (n=1,2,3,\cdots)$①,由①得 $a_1 = S_1 = \frac{4}{3} a_1 - \frac{1}{3} \times 4 + \frac{2}{3}$,所以

$a_1=2$，$S_{n-1}=\frac{4}{3}a_{n-1}-\frac{1}{3}\times2^n+\frac{2}{3}(n=2,3,\cdots)$②，将①和②相减，得 $a_n=S_n-S_{n-1}=\frac{4}{3}(a_n-$

$a_{n-1})-\frac{1}{3}\times(2^{n+1}-2^n)$，整理得 $a_n+2^n=4(a_{n-1}+2^{n-1})(n=2,3,\cdots)$，因而数列 $\{a_n+2^n\}$ 是首

项为 $a_1+2=4$，$q=4$ 的等比数列，即 $a_n+2^n=4\times4^{n-1}=4^n$，因此 $a_n=4^n-2^n$.

第七节 待定系数法

求通项公式时，常常设出待定系数，对所给的递推关系进行变形，使之成为等差或等比数列，并求出待定系数，这种解题方法就是待定系数法.

例 1 已知数列 $\{a_n\}$ 满足 $a_1=2$，$a_{n+1}=3a_n+2$（$n\in\mathbf{N}^*$），求数列 $\{a_n\}$ 的通项公式.

解：构造新数列 $\{a_n+p\}$，其中 p 为常数，使之成为公比是 3 的等比数列，即 $a_{n+1}+p=3(a_n+p)$，整理得 $a_{n+1}=3a_n+2p$，使之满足 $a_{n+1}=3a_n+2$，所以 $p=1$，即 $\{a_n+1\}$ 是首项为 $a_1+1=3$，$q=3$ 的等比数列，所以 $a_n+1=3\times3^{n-1}$，$a_n=3^n-1$.

注：若递推公式为 $a_{n+1}=pa_n+q$（其中 p,q 为常数型，则需把原递推公式化为 $a_{n+1}+\lambda=p(a_n+\lambda)$，其中 $\lambda=\frac{q}{p-1}$，可得数列 $\{a_n+\lambda\}$ 是以 $a_1+\lambda$ 为首项、以 p 为公比的等比数列.

例 2 在数列 $\{a_n\}$ 中，$a_1=2$，$a_{n+1}-4a_n+3n-1=0$，求数列的通项公式.

解：构造新数列 $\{a_n+\lambda n\}$，使之成为 $q=4$ 的等比数列，则 $a_{n+1}+\lambda(n+1)=4(a_n+\lambda n)$，整理得 $a_{n+1}=4a_n+3\lambda n-\lambda$，满足 $a_{n+1}=4a_n-3n+1$，即 $3\lambda n-\lambda=-3n+1$，则 $\lambda=-1$，所以新数列 $\{a_n-n\}$ 是首项为 $a_1-1=1$，$q=4$ 的等比数列，所以 $a_n-n=4^{n-1}$，$a_n=4^{n-1}+n$.

例 3 数列 $\{a_n\}$ 满足 $a_n-2a_{n-1}-2^n+1=0(n\geqslant2)$ 且 $a_3=33$.

(1) 求 a_1,a_2.

(2) 是否存在一个实数 λ，使数列 $\left\{\frac{a_n+\lambda}{2^n}\right\}$ 为等差数列？若存在，求出 λ 的值及 a_n；若不存在，说明理由.

解：(1) 因为 $a_3=2a_2+2^3-1=33$，则 $a_2=13$，又因为 $a_2=2a_1+2^2-1=13$，所以 $a_1=5$.

(2) 假设存在一个实数 λ，使数列 $\left\{\frac{a_n+\lambda}{2^n}\right\}$ 为等差数列，即 $\frac{a_n+\lambda}{2^n}-\frac{a_{n-1}+\lambda}{2^{n-1}}=$

$\frac{a_n-2a_{n-1}-\lambda}{2^n}=\frac{2^n-1-\lambda}{2^n}=1-\frac{1+\lambda}{2^n}$，该数为常数，所以 $\lambda=-1$，即 $\left\{\frac{a_n-1}{2^n}\right\}$ 是首项为

$\frac{a_1-1}{2^1}=2$，$d=1$ 的等差数列，所以 $\frac{a_n-1}{2^n}=2+(n-1)\times1=n+1$，所以 $a_n=(n+1)\times2^n+1$.

例 4 在数列 $\{a_n\}$ 中，$a_1=2$，且 $a_{n+1}-\lambda a_n-\lambda^{n+1}-(2-\lambda)2^n=0$（$n\in\mathbf{N}^*$），其中 $\lambda>0$，

求数列 $\{a_n\}$ 的通项公式.

解：$a_{n+1}=\lambda a_n+\lambda^{n+1}+(2-\lambda)2^n$，$\lambda^{n+1}$ 的底数与 a_n 的系数相同，则两边除以 λ^{n+1} 得 $\dfrac{a_{n+1}}{\lambda^{n+1}}=\dfrac{a_n}{\lambda^n}+1+\dfrac{2^{n+1}}{\lambda^{n+1}}-\dfrac{2^n}{\lambda^n}$，即 $\dfrac{a_{n+1}-2^{n+1}}{\lambda^{n+1}}=\dfrac{a_n-2^n}{\lambda^n}+1$，所以 $\left\langle\dfrac{a_n-2^n}{\lambda^n}\right\rangle$ 是首项为 $\dfrac{a_1-2}{\lambda}=0$，公差 $d=1$ 的等差数列，所以 $\dfrac{a_n-2^n}{\lambda}=0+(n-1)=n-1$，所以 $a_n=(n-1)\lambda^n+2^n$.

注：原数列 $\{a_n\}$ 既不是等差数列，也不是等比数列. 把 $\{a_n\}$ 中每一项添上一个数或一个式子构成新数列，使之成为等比数列，从而求出 a_n. 该法适用于递推式形如 $a_{n+1}=ba_n+c$ 或 $a_{n+1}=ba_n+f(n)$ 或 $a_{n+1}=ba_n+c^n$，其中 b,c 为不相等的常数，$f(n)$ 为一次式.

【方法总结】

用待定系数法求通项公式的题型很多，如 $a_{n+1}=\lambda a_n+t$ 或 $a_{n+1}=\lambda a_n+f(n)$，$f(n)$ 是一次型、二次型、指数型等，通常是设定待定系数，构造数列求解. 但对于形如 $a_{n+1}=pa_n+p^nt$ 的数列，不能用待定系数法，而是两边同除以 p^{n+1}，变形成 $\dfrac{a_{n+1}}{p^{n+1}}=\dfrac{a_n}{p^n}+\dfrac{t}{p}$ 的形式，构造等差数列，再反向求解.

【变式练习】

变式练习 1　已知数列 $\{a_n\}$ 满足 $a_1=2$，$a_{n+1}-a_n=2(n+1)$，求通项公式 a_n.

解：因为 $a_{n+1}-a_n=2(n+1)$，所以 $a_n-a_{n-1}=2n$，$a_{n-1}-a_{n-2}=2(n-1)$，$\cdots$，$a_2-a_1=2\times2$，累加得 $a_n-a_1=2n+2(n-1)+\cdots+2\times2$，所以 $a_n=2n+2(n-1)+\cdots+2\times2+a_1$，所以 $a_n=n^2+n$.

变式练习 2　已知数列 $\{a_n\}$ 满足 $a_1=1$，$a_n-3a_{n-1}=2(n\geqslant2)$，求通项公式 a_n.

解：构造数列 $\{a_n+\lambda\}$，使之成为公比为 3 的等比数列，即 $a_n+\lambda=3(a_{n-1}+\lambda)$，又因为 $a_n-3a_{n-1}=2$，所以 $\lambda=1$，所以 $\{a_n+1\}$ 是首项为 $a_1+1=2$，公比为 3 的等比数列，所以 $a_n+1=2\times3^{n-1}$，所以 $a_n=2\times3^{n-1}-1$.

变式练习 3　已知数列 $\{a_n\}$ 中，$a_1=1$，$a_n-2a_{n-1}=3^{n-1}(n\geqslant2)$，求数列的通项公式.

解：构造数列 $\{a_n+\lambda3^n\}$，λ 为不为 0 的常数，使之成为 $q=2$ 的等比数列，即 $a_{n+1}+\lambda3^{n+1}=2(a_n+\lambda3^n)$，整理得 $a_{n+1}=2a_n+(2\lambda3^n-\lambda3^{n+1})$，满足 $a_{n+1}=2a_n+3^n$，得 $2\lambda3^n-\lambda3^{n+1}=3^n$，所以 $\lambda=-1$，新数列 $\{a_n-3^n\}$ 是首项为 $a_1-3^1=-2$，$q=2$ 的等比数列，所以 $a_n-3^n=-2\times2^{n-1}$，所以 $a_n=3^n-2^n$.

变式练习 4　在数列 $\{a_n\}$ 中，$a_1=2$，$a_n=4a_{n-1}-3n+4$，求数列的通项公式.

解：构造新数列 $\{a_n+\lambda n\}$，使之成为 $q=4$ 的等比数列，则 $a_{n+1}+\lambda(n+1)=4(a_n+\lambda n)$，整理得 $a_{n+1}=4a_n+3\lambda n-\lambda$，满足 $a_{n+1}=4a_n-3n+1$，即 $3\lambda n-\lambda=-3n+1$，得 $\lambda=-1$，所以新数列 $\{a_n-n\}$ 是首项为 $a_1-1=1$，$q=4$ 的等比数列，所以 $a_n-n=4^{n-1}$，所以 $a_n=4^{n-1}+n$。

第八节　对数变换法

若递推公式为 $a_{n+1}=a_n^i$ 型，其中 $i\in\mathbf{R}$ 且 $i(i-1)\neq0$，数列 $\{a_n\}$ 是正项数列，解此种类型数列，必须对等式两边同时取对数得 $\lg a_{n+1}=i\lg a_n$，从而化为 $\dfrac{\lg a_{n+1}}{\lg a_n}=i$，可知数列 $\{\lg a_n\}$ 是首项为 $\lg a_1$、公比为 i 的等比数列。

例1　已知数列 $\{a_n\}$ 满足 $a_1=2$，$\dfrac{1}{a_n^2}=\dfrac{1}{a_{n+1}}$，求通项公式 a_n。

解：将 $\dfrac{1}{a_n^2}=\dfrac{1}{a_{n+1}}$ 转化为 $a_{n+1}=a_n^2$，两边取常用对数得 $\lg a_{n+1}=2\lg a_n$，即 $\dfrac{\lg a_{n+1}}{\lg a_n}=2$，所以数列 $\{\lg a_n\}$ 是以 $\lg2$ 为首项，以 2 为公比的等比数列，故 $\lg a_n=2^{n-1}\times\lg2=\lg2^{2^{n-1}}$，所以 $a_n=2^{2^{n-1}}$。

例2　已知函数 $g(x)=x^2$，数列 $\{a_n\}$ 满足 $a_{n+1}=2g(a_n-1)+1$，且 $a_1=3$，$a_n>1$。

(1) 设 $b_n=\log_2(a_n-1)$，证明：数列 $\{b_n+1\}$ 是等比数列；

(2) 求数列 $\{b_n\}$ 的前 n 项和 S_n。

解：(1) 由已知得 $a_{n+1}=2(a_n-1)^2+1$，所以 $a_{n+1}-1=2(a_n-1)^2$，因为 $b_{n+1}+1=\log_2(a_{n+1}-1)+1=\log_2 2(a_n-1)^2+1=2[\log_2(a_n-1)+1]=2(b_n+1)$，又因为 $b_1+1=\log_2(a_1-1)=1$，所以 $b_1+1\neq0$，所以 $b_n+1\neq0$，所以 $\dfrac{b_{n+1}+1}{b_n+1}=2$，所以 $\{b_n+1\}$ 是首项为 2、公比为 2 的等比数列。

(2) 由(1)可知，$b_n+1=2^n$，所以 $b_n=2^n-1$，所以 $S_n=b_1+b_2+\cdots+b_n=(2^1+2^2+\cdots+2^n)-n=\dfrac{2(1-2^n)}{1-2}-n=2^{n+1}-2-n$。

注：本题主要要求学生熟悉等比数列的定义。根据定义来证明数列，是我们目前证明等比数列和等差数列的主要途径。此题是对分组求和的一个应用，在做题时要多回想求和的一些题型和方法。

例3　已知数列 $\{a_n\}$ 满足 $a_1=1$，$a_{n+1}=\dfrac{a_n^2}{2a_n+1}$（$n\in\mathbf{N}^*$）。

(1) 求 a_2，a_3 的值；

(2) 求数列 $\{a_n\}$ 的通项公式。

分析:(1) 由已知条件,分别令 $n=1$ 和 $n=2$,利用递推思想能求出 a_2 和 a_3;(2) 由已知得 $\frac{1}{a_{n+1}}+1=\left(\frac{1}{a_n}+1\right)^2$,两边取对数,得 $\left\{\log_2\left(\frac{1}{a_n}+1\right)\right\}$ 是首项为1、公比为2的等比数列,由此能求出 $a_n=\dfrac{1}{2^{2^{n-1}}-1}$.

解:(1) 因为 $a_{n+1}=\dfrac{a_n^2}{2a_n+1}$,则 $a_2=\dfrac{a_1^2}{2a_1+1}=\dfrac{1}{3}$,$a_3=\dfrac{a_2^2}{2a_2+1}=\dfrac{1}{15}$.

(2) 由已知得 $a_n>0$,因为 $\dfrac{1}{a_{n+1}}=\dfrac{2a_n+1}{a_n^2}=\dfrac{2}{a_n}+\dfrac{1}{a_n^2}=\left(1+\dfrac{1}{a_n}\right)^2-1$,所以 $1+\dfrac{1}{a_{n+1}}=\left(1+\dfrac{1}{a_n}\right)^2$,$\lg\left(1+\dfrac{1}{a_{n+1}}\right)=\lg\left(1+\dfrac{1}{a_n}\right)^2=2\lg\left(1+\dfrac{1}{a_n}\right)$, 数列 $\left\{\lg\left(1+\dfrac{1}{a_n}\right)\right\}$ 是首项为 $\lg\left(1+\dfrac{1}{a_1}\right)=\lg 2$,公比为 2 的等比数列,因此 $\lg\left(1+\dfrac{1}{a_n}\right)=2^{n-1}\lg 2=\lg 2^{2^{n-1}}$,$1+\dfrac{1}{a_n}=2^{2^{n-1}}$,$a_n=\dfrac{1}{2^{2^{n-1}}-1}$.

【方法总结】

取对数求通项,方法比较特殊,不容易想到,其中涉及指数、对数运算,很多时候先配方,再取对数.为了计算方便,一般取新数列的首项为底的对数.

【变式练习】

变式练习 1 设正项数列 $\{a_n\}$ 满足 $a_1=1$,$a_n=2a_{n-1}^2(n\geqslant 2)$. 求数列 $\{a_n\}$ 的通项公式.

解:两边取对数得 $\log_2 a_n=1+2\log_2 a_{n-1}$,$\log_2 a_n+1=2(\log_2 a_{n-1}+1)$,设 $b_n=\log_2 a_n+1$,则 $b_n=2b_{n-1}$,所以 $\{b_n\}$ 是以 2 为公比的等比数列,$b_1=\log_2 1+1=1$,$b_n=1\times 2^{n-1}=2^{n-1}$,$\log_2 a_n+1=2^{n-1}$,$\log_2 a_n=2^{n-1}-1$,所以 $a_n=2^{2^{n-1}-1}$.

变式练习 2 已知数列 $\{a_n\}$ 的各项都是正数,且满足 $a_1=1$,$a_{n+1}=\dfrac{1}{2}a_n(4-a_n)(n\in$ $\mathbf{N}^*)$. 求数列 $\{a_n\}$ 的通项公式.

解:因为 $a_{n+1}=\dfrac{1}{2}a_n(4-a_n)=\dfrac{1}{2}\left[-(a_n-2)^2+4\right]$,所以 $2(a_{n+1}-2)=-(a_n-2)^2$,令 $b_n=a_n-2$,则 $b_n=-\dfrac{1}{2}b_{n-1}^2=-\dfrac{1}{2}\left(-\dfrac{1}{2}b_{n-2}^2\right)^2=\cdots=-\left(\dfrac{1}{2}\right)^{1+2+\cdots+2^{n-2}}b_1^{2^n}$,又因为 $b_1=a_1-2=-1$,所以 $b_n=-\left(\dfrac{1}{2}\right)^{2^{n-1}-1}$,即 $a_n=2+b_n=2-\left(\dfrac{1}{2}\right)^{2^{n-1}-1}$.

变式练习 3 已知数列 $\{a_n\}$ 满足 $a_1=3$,$a_{n+1}=\dfrac{n+1}{n^3}a_n^3(n\geqslant 1)$,求数列的通项公式.

解：因为 $a_{n+1} = \dfrac{n+1}{n^3} a_n^3$，所以 $\dfrac{a_{n+1}}{n+1} = \left(\dfrac{a_n}{n}\right)^3$，所以 $\dfrac{a_n}{n} = \left(\dfrac{a_{n-1}}{n-1}\right)^3$，两边取对数得，$\log_3 \dfrac{a_n}{n} =$

$3\log_3 \dfrac{a_{n-1}}{n-1}$，所以数列 $\left\{\log_3 \dfrac{a_n}{n}\right\}$ 是以首项为 $\log_3 \dfrac{a_1}{1} = 1$，公比为 3 的等比数列，所以 $\log_3 \dfrac{a_n}{n} =$

3^{n-1}，所以 $\dfrac{a_n}{n} = 3^{3^{n-1}}$，所以 $a_n = n \cdot 3^{3^{n-1}}$．

第九节　迭代法

若递推公式为 $a_{n+2} = pa_{n+1} + qa_n$（其中 p,q 为常数且 $pq \neq 0$）型，此类型题需把原递推公

式化为 $a_{n+2} - Aa_{n+1} = B(a_{n+1} - Aa_n)$ 的形式，其中 A,B 满足 $\begin{cases} A+B = p, \\ AB = -q, \end{cases}$ 从而求解数列，称此

方法为迭代法．

例 1　已知数列 $\{a_n\}$ 满足 $a_1 = 1, a_2 = 2, 3a_{n+2} = 2a_{n+1} + a_n$，求通项公式 a_n．

解：由 $a_{n+2} = \dfrac{2}{3} a_{n+1} + \dfrac{1}{3} a_n$，可设 $a_{n+2} = (A+B)a_{n+1} - ABa_n$，所以有 $\begin{cases} A+B = \dfrac{2}{3}, \\ AB = -\dfrac{1}{3}, \end{cases}$ 解得

$\begin{cases} A = 1, \\ B = -\dfrac{1}{3} \end{cases}$ 或 $\begin{cases} A = -\dfrac{1}{3}, \\ B = 1, \end{cases}$ 则有 $a_{n+2} - a_{n+1} = -\dfrac{1}{3}(a_{n+1} - a_n)$，故数列 $\{a_{n+1} - a_n\}$ 是以 1 为首项，

以 $-\dfrac{1}{3}$ 为公比的等比数列，所以 $a_{n+1} - a_n = \left(-\dfrac{1}{3}\right)^{n-1}$．由迭加法可得 $a_n - a_1 = \left(-\dfrac{1}{3}\right)^0 +$

$\left(-\dfrac{1}{3}\right)^1 + \cdots + \left(-\dfrac{1}{3}\right)^{n-2} = \dfrac{1 - \left(-\dfrac{1}{3}\right)^{n-1}}{1 + \dfrac{1}{3}}$，又由 $a_1 = 1$ 可得 $a_n = \dfrac{7}{4} - \dfrac{3}{4}\left(-\dfrac{1}{3}\right)^{n-1}$．

例 2　已知数列 $\{a_n\}$ 满足 $a_{n+1} = a_n^{3(n+1)2^n}$，$a_1 = 3$，求数列 $\{a_n\}$ 的通项公式．

解：因为 $a_{n+1} = a_n^{3(n+1)2^n}$，所以

$$a_n = a_{n-1}^{3n \cdot 2^{n-1}} = \left[a_{n-2}^{3(n-1) \cdot 2^{n-2}}\right]^{3n \cdot 2^{n-1}} = a_{n-2}^{3^2(n-1) \cdot n \cdot 2^{(n-2)+(n-1)}}$$

$$= \left[a_{n-3}^{3(n-2)2^{n-3}}\right]^{3^2(n-1) \cdot n \cdot 2^{(n-2)+(n-1)}} = a_{n-3}^{3^3(n-2)(n-1) \cdot n \cdot 2^{n-3+(n-2)+(n-1)}}$$

$$= \cdots = a_1^{3^{n-1} \cdot 2 \cdot 3 \cdots \cdot (n-2)(n-1) \cdot n \cdot 2^{1+2+\cdots+(n-3)+(n-2)+(n-1)}} = a_1^{3^{n-1} \cdot n! \cdot 2^{\frac{n(n-1)}{2}}},$$

又因为 $a_1 = 3$，所以数列 $\{a_n\}$ 的通项公式为 $a_n = 3^{3^{n-1} \cdot n! \cdot 2^{\frac{n(n-1)}{2}}}$．

注：本题还可综合利用累乘法和对数变换法求数列的通项公式．即先将等式 $a_{n+1} =$

$a_n^{3(n+1)2^n}$ 两边取常用对数得 $\lg a_{n+1} = 3(n+1) \times 2^n \times \lg a_n$,即 $\dfrac{\lg a_{n+1}}{\lg a_n} = 3(n+1)2^n$,再由累乘法可

推知 $\lg a_n = \dfrac{\lg a_n}{\lg a_{n-1}} \cdot \dfrac{\lg a_{n-1}}{\lg a_{n-2}} \cdot \cdots \cdot \dfrac{\lg 2}{\lg 1} \cdot \lg a_1 = \lg 3^{3^{n-1} \cdot n!} \cdot 2^{\frac{n(n-1)}{2}}$,从而得 $a_n = 3^{3^{n-1} \cdot n!} \cdot 2^{\frac{n(n-1)}{2}}$.

例3 为了治疗某种疾病,研制了甲、乙两种新药,现想知道哪种新药更有效,为此进行动物试验.试验方案如下:每一轮选取两只白鼠对药效进行对比试验.对两只白鼠,随机选一只施以甲药,另一只施以乙药.一轮的治疗结果得出后,再安排下一轮试验.当其中一种药治愈的白鼠比另一种药治愈的白鼠多4只时,就停止试验,并认为治愈只数多的药更有效.为了方便描述问题,约定:对于每轮试验,若施以甲药的白鼠治愈且施以乙药的白鼠未治愈则甲药得1分,乙药得 -1 分;若施以乙药的白鼠治愈且施以甲药的白鼠未治愈则乙药得1分,甲药得 -1 分;若都治愈或都未治愈,则两种药均得0分.甲、乙两种药的治愈率分别记为 α 和 β,一轮试验中甲药的得分记为 X.

(1) 求 X 的分布列.

(2) 若甲药、乙药在试验开始时都赋予4分,$p_i(i=0,1,\cdots,8)$ 表示"甲药的累计得分为 i 时,最终认为甲药比乙药更有效"的概率,则 $p_0=0$,$p_8=1$,$p_i = ap_{i-1} + bp_i + cp_{i+1}(i=1,2,\cdots,7)$,其中 $a=P(X=-1)$,$b=P(X=0)$,$c=P(X=1)$.假设 $\alpha=0.5$,$\beta=0.8$.① 证明:$\{p_{i+1}-p_i\}(i=0,1,2,\cdots,7)$ 为等比数列;②求 p_4,并根据 p_4 的值解释这种试验方案的合理性.

分析:(1) 首先确定 X 所有可能的取值,再计算出每个取值对应的概率,从而可得分布列.(2)① 求解出 a,b,c 的取值,可得 $p_i = 0.4p_{i-1} + 0.5p_i + 0.1p_{i+1}(i=1,2,\cdots,7)$,从而整理出符合等比数列定义的形式,问题得证;② 列出证得的等比数列的通项公式,采用累加的方式,结合 p_8 和 p_0 的值可求得 p_1,再次利用累加法可求出 p_4.

解:(1) 由题意可知 X 所有可能的取值为 -1,0,1,所以 $P(X=-1)=(1-\alpha)\beta$,$P(X=0)=\alpha\beta+(1-\alpha)(1-\beta)$,$P(X=1)=\alpha(1-\beta)$,则 X 的分布列如下:

X	-1	0	1
$P(X)$	$(1-\alpha)\beta$	$\alpha\beta+(1-\alpha)(1-\beta)$	$\alpha(1-\beta)$

(2) 因为 $\alpha=0.5$,$\beta=0.8$,所以 $a=0.5\times0.8=0.4$,$b=0.5\times0.8+0.5\times0.2=0.5$,$c=0.5\times0.2=0.1$.

① 因为 $p_i = ap_{i-1} + bp_i + cp_{i+1}(i=1,2,\cdots,7)$,即 $p_i = 0.4p_{i-1} + 0.5p_i + 0.1p_{i+1}(i=1,2,\cdots,7)$,整理可得 $5p_i = 4p_{i-1} + p_{i+1}(i=1,2,\cdots,7)$,所以 $p_{i+1} - p_i = 4(p_i - p_{i-1})(i=1,2,\cdots,7)$,所以 $\{p_{i+1}-p_i\}(i=0,1,2,\cdots,7)$ 是以 $p_1 - p_0$ 为首项、4 为公比的等比数列.

② 由① 可知 $p_{i+1} - p_i = (p_1 - p_0) \cdot 4^i = p_1 \cdot 4^i$,所以 $p_8 - p_7 = p_1 \cdot 4^7$,$p_7 - p_6 = p_1 \cdot 4^6$,$\cdots$,

$p_1 - p_0 = p_1 \cdot 4^0$，作和可得 $p_8 - p_0 = p_1 \cdot (4^0 + 4^1 + \cdots + 4^7) = \dfrac{1-4^8}{1-4} p_1 = \dfrac{4^8-1}{3} p_1 = 1$，所以

$p_1 = \dfrac{3}{4^8-1}$，所以 $p_4 = p_4 - p_0 = p_1 \cdot (4^0 + 4^1 + 4^2 + 4^3) = \dfrac{1-4^4}{1-4} p_1 = \dfrac{4^4-1}{3} \times \dfrac{3}{4^8-1} =$

$\dfrac{1}{4^4+1} = \dfrac{1}{257}$.

p_4 表示最终认为甲药更有效的. 由计算结果可以看出，在甲药治愈率为 0.5，乙药治愈率为 0.8 时，认为甲药更有效的概率为 $p_4 = \dfrac{1}{257} \approx 0.0039$，此时得出错误结论的概率非常小，说明这种实验方案合理.

注：本题综合性较强，要求学生能够熟练掌握求解数列通项公式及概率的相关知识. 考查了数学抽象、逻辑推理、数学建模、数学运算和数据处理等核心素养.

【方法总结】

迭代法求通项公式是数列中求通项公式的一个难点. 解题思路是先设待定系数，构造数列，通过求待定系数，找出迭代关系. 这些过程都离不开运算，运算首先要确定运算方向，然后选择运算途径，做到步步有据.

【变式练习】

变式练习 1 已知数列 $\{a_n\}$ 中，$a_1 = 1$，$a_n = 2a_{n-1} + 1 (n \geqslant 2)$，求 $\{a_n\}$ 的通项公式.

解：$a_n = 2a_{n-1} + 1 = 2(2a_{n-2} + 1) + 1 = 2^2 a_{n-2} + 2 + 1 = 2^{n-1} + 2^{n-2} + \cdots + 2 + 1 = 2^n - 1$.

变式练习 2 已知数列 $\{a_n\}$ 中，$a_1 = \dfrac{1}{2}$，点 $(n, 2a_{n+1} - a_n)$ 在直线 $y = x$ 上，其中 $n = 1, 2, 3, \cdots$.

(1) 令 $b_n = a_{n+1} - a_n - 1$，求证数列 $\{b_n\}$ 是等比数列；

(2) 求数列 $\{a_n\}$ 的通项公式.

解：(1) 因为点 $(n, 2a_{n+1} - a_n)$ 在直线 $y = x$ 上，所以 $2a_{n+1} - a_n = n$①，所以 $2a_n - a_{n-1} = n - 1$②，①$-$②得 $2a_{n+1} - 3a_n + a_{n-1} = 1$，所以 $a_{n+1} - a_n - 1 = \dfrac{1}{2}(a_n - a_{n-1} - 1)$，又因为 $b_n = a_{n+1} - a_n - 1$，所以 $b_n = \dfrac{1}{2} b_{n-1}$，而 $2a_2 = a_1 + 1$ 得 $a_2 = \dfrac{3}{4}$，所以数列 $\{b_n\}$ 是以首项为 $b_1 = a_2 - a_1 - 1 = -\dfrac{3}{4}$，公比为 $\dfrac{1}{2}$ 的等比数列.

(2) 由(1)得 $b_n = \left(-\dfrac{3}{4}\right) \times \left(\dfrac{1}{2}\right)^{n-1}$，所以 $a_{n+1} - a_n - 1 = \left(-\dfrac{3}{4}\right) \times \left(\dfrac{1}{2}\right)^{n-1}$，即 $a_{n+1} - a_n =$

$1-\dfrac{3}{4}\times\left(\dfrac{1}{2}\right)^{n-1}$，所以，$a_n=(a_n-a_{n-1})+(a_{n-1}-a_{n-2})+\cdots+(a_2-a_1)+a_1=1-\dfrac{3}{4}\times$

$\left(\dfrac{1}{2}\right)^{n-2}+1-\dfrac{3}{4}\times\left(\dfrac{1}{2}\right)^{n-3}+\cdots+1-\dfrac{3}{4}\left(\dfrac{1}{2}\right)^{0}+\dfrac{1}{2}=\dfrac{3}{2^n}+n-2.$

变式练习 3　已知数列 $\{a_n\}$ 满足：$a_1=1,2^{n-1}a_n=a_{n-1}$，求数列的通项公式.

解：由 $2^{n-1}a_n=a_{n-1}$ 得 $a_n=\left(\dfrac{1}{2}\right)^{n-1}a_{n-1}$，迭代得 $a_n=\left(\dfrac{1}{2}\right)^{n-1}a_{n-1}=\left(\dfrac{1}{2}\right)^{n-1}\cdot\left(\dfrac{1}{2}\right)^{n-2}\cdot a_{n-2}=$

$\left(\dfrac{1}{2}\right)^{n-1}\cdot\left(\dfrac{1}{2}\right)^{n-2}\cdot\cdots\cdot\left(\dfrac{1}{2}\right)^{1}\cdot a_1=\left(\dfrac{1}{2}\right)^{(n-1)+(n-2)+\cdots+2+1}=\left(\dfrac{1}{2}\right)^{\frac{n(n-1)}{2}}$，所以 $a_n=\left(\dfrac{1}{2}\right)^{\frac{n(n-1)}{2}}.$

第十节　递推法

针对实际问题，建立一个定义在正整数集 $\mathbf{N}^*$ 上的函数 $f(n)(n\in\mathbf{N}^*)$，这种函数关系称为递推关系. 从给定的初始值出发，求出前几项，然后猜想出通项公式，并用数学归纳法证明的方法叫递推法.

例 1　已知数列 $\{a_n\}$ 满足 $(2n+1)^2(2n+3)^2(a_{n+1}-a_n)=8(n+1),a_1=\dfrac{8}{9}$，求数列 $\{a_n\}$ 的通项公式.

解：由 $a_{n+1}=a_n+\dfrac{8(n+1)}{(2n+1)^2(2n+3)^2}$ 及 $a_1=\dfrac{8}{9}$，得

$$a_2=a_1+\dfrac{8\times(1+1)}{(2\times1+1)^2(2\times1+3)^2}=\dfrac{8}{9}+\dfrac{8\times2}{9\times25}=\dfrac{24}{25},$$

$$a_3=a_2+\dfrac{8\times(2+1)}{(2\times2+1)^2(2\times2+3)^2}=\dfrac{24}{25}+\dfrac{8\times3}{25\times49}=\dfrac{48}{49},$$

$$a_4=a_3+\dfrac{8\times(3+1)}{(2\times3+1)^2(2\times3+3)^2}=\dfrac{48}{49}+\dfrac{8\times4}{49\times81}=\dfrac{80}{81},$$

由此可猜测 $a_n=\dfrac{(2n+1)^2-1}{(2n+1)^2}$，下面用数学归纳法证明这个结论.

当 $n=1$ 时，$a_1=\dfrac{(2\times1+1)^2}{(2\times1+1)^2}=\dfrac{8}{9}$，所以等式成立；

假设当 $n=k$ 时等式成立，即 $a_k=\dfrac{(2k+1)^2-1}{(2k+1)^2}$，则当 $n=k+1$ 时，

$$a_{k+1}=a_k+\dfrac{8(k+1)}{(2k+1)^2(2k+3)^2}$$

$$= \frac{(2k+1)^2-1}{(2k+1)^2} + \frac{8(k+1)}{(2k+1)^2(2k+3)^2}$$

$$= \frac{[(2k+1)^2-1](2k+3)^2+8(k+1)}{(2k+1)^2(2k+3)^2}$$

$$= \frac{(2k+1)^2(2k+3)^2-(2k+3)^2+8(k+1)}{(2k+1)^2(2k+3)^2}$$

$$= \frac{(2k+1)^2(2k+3)^2-(2k+1)^2}{(2k+1)^2(2k+3)^2}$$

$$= \frac{(2k+3)^2-1}{(2k+3)^2}$$

$$= \frac{[2(k+1)+1]^2-1}{[2(k+1)+1]^2},$$

由此可知,当 $n=k+1$ 时等式也成立. 综上可知,等式对任何 $n \in \mathbf{N}^*$ 都成立.

例 2 已知函数 $g(x)=1-\dfrac{1}{1+x}$,数列 $\{a_n\}$ 中,$a_1=1$,$a_{n+1}=g(a_n)$,$n \in \mathbf{N}^*$,写出 a_2, a_3,a_4 的值,推测数列 $\{a_n\}$ 的通项公式,并证明.

解: 因为 $g(x)=\dfrac{x}{1+x}$,所以 $a_{n+1}=\dfrac{a_n}{1+a_n}$,$a_1=1$,所以 $a_2=\dfrac{1}{2}$,$a_3=\dfrac{1}{3}$,$a_4=\dfrac{1}{4}$,猜想 $a_n=\dfrac{1}{n}$,证明用数学归纳法(略).

例 3 设正项数列 $\{a_n\}$ 的前 n 项和为 S_n,且满足 $a_n^2=2S_n-n(n \in \mathbf{N}^*)$.

(1)计算 a_2,a_3 的值,并猜想 $\{a_n\}$ 的通项公式;

(2)用数学归纳法证明 $\{a_n\}$ 的通项公式.

解: (1)$S_n=\dfrac{1}{2}a_n^2+\dfrac{n}{2}$,当 $n=1$ 时,$a_1=S_1=\dfrac{1}{2}a_1^2+\dfrac{1}{2}$,得 $a_1=1$,$a_1+a_2=S_2=\dfrac{1}{2}a_2^2+1$,得 $a_2=2$,$a_1+a_2+a_3=S_3=\dfrac{1}{2}a_3^2+\dfrac{3}{2}$,得 $a_3=3$,猜想 $a_n=n$.

(2)证明:当 $n=1$ 时,显然成立;

假设当 $n=k$ 时,$a_k=k$,则当 $n=k+1$ 时,

$$a_{k+1}=S_{k+1}-S_k=\frac{1}{2}a_{k+1}^2+\frac{k+1}{2}-\left(\frac{1}{2}a_k^2+\frac{k}{2}\right)=\frac{1}{2}a_{k+1}^2+\frac{k+1}{2}-\left(\frac{1}{2}k^2+\frac{k}{2}\right),$$

整理得 $a_{k+1}^2-2a_{k+1}-k^2+1=0$,即 $[a_{k+1}-(k+1)][a_{k+1}+(k-1)]=0$,结合 $a_n>0$,解得 $a_{k+1}=k+1$,于是对于一切的自然数 $n \in \mathbf{N}^*$,都有 $a_n=n$.

【方法总结】

由于数列是一种特殊的函数,求通项公式和求函数解析式的方法有相似之处,比如都有递推法、待定系数法等. 运用递推法时先归纳,再猜想,后证明.

【变式练习】

变式练习 1　已知数列 $\{a_n\}$ 的第一项 $a_1 = 5$ 且 $S_{n-1} = a_n (n \geqslant 2, n \in \mathbf{N}^*)$,$S_n$ 为数列 $\{a_n\}$ 的前 n 项和.

(1) 求 a_2, a_3, a_4,并由此猜想 a_n 的表达式;

(2) 用数学归纳法证明 $\{a_n\}$ 的通项公式.

解:(1) $a_2 = S_1 = a_1 = 5, a_3 = S_2 = a_1 + a_2 = 10, a_4 = S_3 = a_1 + a_2 + a_3 = 20$,猜想 a_n

$$= \begin{cases} 5, & n = 1 \\ 5 \times 2^{n-2}, & n \geqslant 2 \end{cases} (n \in \mathbf{N}^*).$$

(2) 证明:当 $n = 2$ 时,$a_2 = 5 \times 2^{2-2} = 5$,公式成立;

假设 $n = k (k \geqslant 2, k \in \mathbf{N}^*)$ 时猜想成立,即 $a_k = 5 \times 2^{k-2}$,当 $n = k+1$ 时,由已知条件和假设有

$$a_{k+1} = S_k = a_1 + a_2 + a_3 + \cdots + a_k = 5 + 5 + 10 + \cdots + 5 \times 2^{k-2} = 5 \times 2^{k-1},$$

故 $n = k+1$ 时公式也成立.

综上可知,对 $n \geqslant 2, n \in \mathbf{N}^*$,有 $a_n = 5 \times 2^{n-2}$,所以数列 $\{a_n\}$ 的通项公式为 $a_n =$

$$\begin{cases} 5, & n = 1 \\ 5 \times 2^{n-2}, & n \geqslant 2 \end{cases} (n \in \mathbf{N}^*).$$

变式练习 2　数列 $\{a_n\}$ 满足 $a_n > 0$,前 n 项和 $S_n = \dfrac{1}{2}\left(a_n + \dfrac{1}{a_n}\right)$.

(1) 求 S_1, S_2, S_3;

(2) 猜想 $\{S_n\}$ 的通项公式,并用数学归纳法证明.

解:(1) 由 $S_n = \dfrac{1}{2}\left(a_n + \dfrac{1}{a_n}\right), a_n = S_n - S_{n-1} (n \geqslant 2)$,得 $S_n^2 = S_{n-1}^2 + 1$,又由 $S_1 = a_1$ 得 $S_1 = 1, S_2 = \sqrt{2}, S_3 = \sqrt{3}$.

(2) 猜想 $S_n = \sqrt{n}$,下面用归纳法证明:

当 $n = 1$ 时,$S_1 = 1$,显然猜想成立;

假设 $n = k (k \geqslant 1)$ 时猜想也成立,即 $S_k = \sqrt{k}$,当 $n = k+1$ 时,得 $S_{k+1}^2 = S_k^2 + 1$,又因为 $S_k =$

$\sqrt{k}$,所以 $S_{k+1}=\sqrt{k+1}$,即 $n=k+1$ 时猜想也成立. 综上可知,猜想成立.

变式练习3 已知数列 $\{a_n\}$ 的前 n 项和为 S_n , $a_1=1$, $a_n+a_{n+1}=3\times 2^{n-1}$.

(1) 求 a_2,a_3,a_4 ,并猜想 $\{a_n\}$ 的通项公式,用数学归纳法证明;

(2) 设 $b_n=\log_2 a_{n+1}+\sqrt{2}$,求证:数列 $\{b_n\}$ 中任意三项均不成等比数列.

解: (1) 求出 $a_2=2,a_3=4,a_4=8$,猜想 $a_n=2^{n-1}$,数学归纳法证明如下:

当 $n=1$ 时,猜想成立;

假设当 $n=k(k\geqslant 4)$ 时,猜想成立,即 $a_k=2^{k-1}$,当 $n=k+1$ 时, $a_{k+1}=3\times 2^{k-1}-2^{k-1}=2^k$,所以当 $n=k+1$ 时,猜想也成立.

综上,对一切 $n\in \mathbf{N}^*$, $a_n=2^{n-1}$.

(2) 由(1)得 $b_n=\log_2 a_{n+1}+\sqrt{2}=n+\sqrt{2}$.假设数列 $\{b_n\}$ 中存在三项 $b_p,b_q,b_r(p,q,r$ 互不相等) 成等比数列,则 $b_q^2=b_p b_r$,即 $(q+\sqrt{2})^2=(p+\sqrt{2})(r+\sqrt{2})$,所以 $(q^2-pr)+(2q-p-r)\sqrt{2}=0$,因为 $p,q,r\in \mathbf{N}^*$,所以 $\begin{cases} q^2-pr=0, \\ 2q-p-r=0, \end{cases}$ 所以 $\left(\dfrac{p+r}{2}\right)^2=pr$, $(p-r)^2=0$,所以 $p=r$,与 $p\neq r$ 矛盾,故数列 $\{b_n\}$ 中任意三项均不成等比数列.

第十一节 换元法

通过对 $\{a_n\}$ 的递推公式的变形,整体换元,构造出一个新的等差或等比数列 $\{b_n\}$,写出 $\{b_n\}$ 的通项公式,再求 $\{a_n\}$ 的通项公式.

例1 设数列 $\{a_n\}$ 满足 $a_1=1,\dfrac{n}{n+1}a_{n+1}=a_n+\dfrac{1}{n+1}(n\in \mathbf{N}^*)$,求其通项公式.

解: $\dfrac{n}{n+1}a_{n+1}=a_n+\dfrac{1}{n+1}\Rightarrow \dfrac{a_{n+1}}{n+1}=\dfrac{a_n}{n}+\dfrac{1}{n(n+1)}$,令 $b_n=\dfrac{a_n}{n}$,则 $b_1=a_1=1,b_{n+1}=b_n+\dfrac{1}{n(n+1)}$,累加可得 $b_n=2-\dfrac{1}{n}$,则 $a_n=nb_n=2n-1$.

例2 已知数列 $\{a_n\}$ 中, $a_1=1,a_n a_{n+1}+1=c\cdot a_n$, $c=\dfrac{5}{2}$, $b_n=\dfrac{1}{a_n-2}$,求数列 $\{b_n\}$ 的通项公式.

分析: 本小题主要考查递推数列,同时考查逻辑思维能力、运算能力、综合分析与解决问题能力、转化思想.

解: $a_{n+1}=c-\dfrac{1}{a_n},a_{n+1}-2=\dfrac{5}{2}-\dfrac{1}{a_n}-2=\dfrac{a_n-2}{2a_n},\dfrac{1}{a_{n+1}-2}=\dfrac{2a_n}{a_n-2}=\dfrac{4}{a_n-2}+2$,即 $b_{n+1}=4b_n+2,b_{n+1}+\dfrac{2}{3}=4\left(b_n+\dfrac{2}{3}\right)$,又因为 $a_1=1$,故 $b_1=\dfrac{1}{a_1-2}=-1$,所以 $\left\{b_n+\dfrac{2}{3}\right\}$ 是首项为

$-\dfrac{1}{3}$、公比为 4 的等比数列，所以 $b_n+\dfrac{2}{3}=-\dfrac{1}{3}\times 4^{n-1}$，$b_n=-\dfrac{4^{n-1}}{3}-\dfrac{2}{3}$.

例 3　已知数列 $\{a_n\}$ 满足 $16a_{n+1}-1=4a_n+\sqrt{1+24a_n}$，$a_1=1$，求数列 $\{a_n\}$ 的通项公式．

解：$a_{n+1}=\dfrac{1}{16}(1+4a_n+\sqrt{1+24a_n})$，$a_1=1$，令 $b_n=\sqrt{1+24a_n}$，则 $a_n=\dfrac{1}{24}(b_n^2-1)$，故

$a_{n+1}=\dfrac{1}{24}(b_{n+1}^2-1)$，代入 $a_{n+1}=\dfrac{1}{16}(1+4a_n+\sqrt{1+24a_n})$ 得 $\dfrac{1}{24}(b_{n+1}^2-1)=$

$\dfrac{1}{16}\left[1+4\times\dfrac{1}{24}(b_n^2-1)+b_n\right]$，即 $4b_{n+1}^2=(b_n+3)^2$．因为 $b_n=\sqrt{1+24a_n}\geqslant 0$，故 $b_{n+1}=$

$\sqrt{1+24a_{n+1}}\geqslant 0$，则 $2b_{n+1}=b_n+3$，即 $b_{n+1}=\dfrac{1}{2}b_n+\dfrac{3}{2}$，可化为 $b_{n+1}-3=\dfrac{1}{2}(b_n-3)$，所以 $\{b_n-$

$3\}$ 是以 $b_1-3=\sqrt{1+24a_1}-3=\sqrt{1+24\times 1}-3=2$ 为首项，以 $\dfrac{1}{2}$ 为公比的等比数列，因此

$b_n-3=2\times\left(\dfrac{1}{2}\right)^{n-1}=\left(\dfrac{1}{2}\right)^{n-2}$，则 $b_n=\left(\dfrac{1}{2}\right)^{n-2}+3$，即 $\sqrt{1+24a_n}=\left(\dfrac{1}{2}\right)^{n-2}+3$，得 $a_n=\dfrac{2}{3}\times$

$\left(\dfrac{1}{4}\right)^n+\left(\dfrac{1}{2}\right)^n+\dfrac{1}{3}$.

注：本题的解题关键是通过将 $\sqrt{1+24a_n}$ 换元为 b_n，使得所给递推关系式转化 $b_{n+1}=\dfrac{1}{2}b_n+$

$\dfrac{3}{2}$ 的形式，从而可知数列 $\{b_n-3\}$ 为等比数列，进而求出数列 $\{b_n-3\}$ 的通项公式，最后再求

出数列 $\{a_n\}$ 的通项公式．

【方法总结】

换元的目的是得到一个形式比较明显的数列．数列通项公式的求法虽然多种多样，但是在具体求解时，仍要由题设条件确定各种数列求通项公式的方法，灵活应用，才能以不变应万变，获得满意的解题效果．

【变式练习】

变式练习 1　已知数列 $\{a_n\}$ 满足 $a_n=4a_{n-1}+2^n(n\geqslant 2,n\in\mathbf{N}^*)$，且 $a_1=2$．求数列的通项公式．

解：因为 $a_n=4a_{n-1}+2^n$，所以 $\dfrac{a_n}{2^n}=2\times\dfrac{a_{n-1}}{2^{n-1}}+1$，令 $b_n=\dfrac{a_n}{2^n}$，则 $b_n+1=2(b_{n-1}+1)$，所以

$\{b_n+1\}$ 是以首项为 $b_1=\dfrac{a_1}{2}+1=2$，公比为 2 的等比数列，所以 $b_n+1=2^n$，所以 $\dfrac{a_n}{2^n}+1=2^n$，所

以数列 $\{a_n\}$ 的通项公式为 $a_n=2^{2n}-2^n$.

第十二节　特征根法(不动点法)(选学)

一、形如 $a_{n+2} = pa_{n+1} + qa_n$ (p,q 是常数) 的数列

形如 $a_1 = m_1, a_2 = m_2, a_{n+2} = pa_{n+1} + qa_n$ (p,q 是常数) 的二阶递推数列都可用特征根法求得通项 a_n, 其特征方程为 $x^2 = px + q$ ①.

若 ① 有二异根 α, β, 则可令 $a_n = c_1 \alpha^n + c_2 \beta^n$ (c_1, c_2 是待定常数);

若 ① 有二重根 $\alpha = \beta$, 则可令 $a_n = (c_1 + nc_2)\alpha^n$ (c_1, c_2 是待定常数).

再利用 $a_1 = m_1, a_2 = m_2$, 可求得 c_1, c_2, 进而求得 a_n.

例 1　已知数列 $\{a_n\}$ 满足 $a_1 = 2, a_2 = 4, a_{n+2} = 4a_{n+1} - 3a_n$ ($n \in \mathbf{N}^*$), 求数列 $\{a_n\}$ 的通项公式.

解: 其特征方程为 $x^2 = 4x - 3$, 解得 $x_1 = 1, x_2 = 3$, 令 $a_n = c_1 \cdot 1^n + c_2 \cdot 3^n$, 由
$$\begin{cases} a_1 = c_1 + 3c_2 = 2, \\ a_2 = c_1 + 9c_2 = 4 \end{cases} \text{得} \begin{cases} c_1 = 1, \\ c_2 = \dfrac{1}{3}, \end{cases} \text{所以 } a_n = 1 + 3^{n-1}.$$

例 2　已知数列 $\{a_n\}$ 满足 $a_1 = 1, a_2 = 2, a_{n+2} = a_{n+1} - \dfrac{a_n}{4}$ ($n \in \mathbf{N}^*$), 求数列 $\{a_n\}$ 的通项公式.

解: $4a_{n+2} = 4a_{n+1} - a_n$, 其特征方程为 $4x^2 = 4x - 1$, 解得 $x_1 = x_2 = \dfrac{1}{2}$, 令 $a_n = (c_1 + nc_2)\left(\dfrac{1}{2}\right)^n$, 由
$$\begin{cases} a_1 = (c_1 + c_2) \times \dfrac{1}{2} = 1, \\ a_2 = (c_1 + 2c_2) \times \dfrac{1}{4} = 2 \end{cases} \text{得} \begin{cases} c_1 = -4, \\ c_2 = 6, \end{cases} \text{所以 } a_n = \dfrac{3n-2}{2^{n-1}}.$$

二、形如 $a_{n+2} = \dfrac{Aa_n + B}{Ca_n + D}$ 的数列

对于数列 $a_{n+2} = \dfrac{Aa_n + B}{Ca_n + D}, a_1 = m, n \in \mathbf{N}^*$ (A, B, C, D 是常数且 $C \neq 0, AD - BC \neq 0$), 其特征方程为 $x = \dfrac{Ax + B}{Cx + D}$, 变形为 $Cx^2 + (D - A)x - B = 0$ ①.

若 ① 有二异根 α, β, 则可令 $\dfrac{a_{n+1} - \alpha}{a_{n+1} - \beta} = c \cdot \dfrac{a_n - \alpha}{a_n - \beta}$ (其中 c 是待定常数), 代入 a_1, a_2 的值可求得 c 值. 这样数列 $\left\{\dfrac{a_n - \alpha}{a_n - \beta}\right\}$ 是首项为 $\left\{\dfrac{a_1 - \alpha}{a_1 - \beta}\right\}$, 公比为 c 的等比数列, 于是可求得 a_n.

若 ① 有二重根 $\alpha=\beta$，则可令 $\dfrac{1}{a_{n+1}-\alpha}=\dfrac{1}{a_n-\alpha}+c$（其中 c 是待定常数），代入 a_1,a_2 的值可求得 c 值．这样数列 $\left\{\dfrac{1}{a_n-\alpha}\right\}$ 是首项为 $\dfrac{1}{a_n-\alpha}$，公差为 c 的等差数列，于是可求得 a_n，此方法又称不动点法．

例 3　已知数列 $\{a_n\}$ 满足 $a_1=2,a_{n-1}-a_n+2=2a_na_{n-1}(n\geqslant2)$，求数列 $\{a_n\}$ 的通项公式．

解： $(2a_{n-1}+1)a_n=a_{n-1}+2(n\geqslant2)$，$a_n=\dfrac{a_{n-1}+2}{2a_{n-1}+1}$，其特征方程为 $x=\dfrac{x+2}{2x+1}$，化简得 $2x^2-2=0$，解得 $x_1=1,x_2=-1$，令 $\dfrac{a_{n+1}-1}{a_{n+1}+1}=c\cdot\dfrac{a_n-1}{a_n+1}$，由 $a_1=2$，得 $a_2=\dfrac{4}{5}$，可得 $c=-\dfrac{1}{3}$，所以数列 $\left\{\dfrac{a_n-1}{a_n+1}\right\}$ 是以 $\dfrac{a_1-1}{a_1+1}=\dfrac{1}{3}$ 为首项，以 $-\dfrac{1}{3}$ 为公比的等比数列，所以 $\dfrac{a_n-1}{a_n+1}=\dfrac{1}{3}\cdot\left(-\dfrac{1}{3}\right)^{n-1}$，所以 $a_n=\dfrac{3^n+(-1)^n}{3^n-(-1)^n}$．

【方法总结】

一种方法可以解决许多题目，一个题目往往也有多种解法，甚至一个题目在不同的解题步骤中，会用到不同的方法和思想，如既有换元，又有配方，既要数形结合，又要分类讨论．熟练掌握这些方法，有助于提高思维的灵活性和思维的深度．

【变式练习】

变式练习 1　已知数列 $\{a_n\}$ 满足 $a_1=4,a_n=\dfrac{3a_{n-1}+2}{a_{n-1}+4}(n\geqslant2)$，求数列的通项公式．

解： 设 $a_n+m=\dfrac{3a_{n-1}+2}{a_{n-1}+4}+m=\dfrac{(3+m)\left[a_{n-1}+\dfrac{2+4m}{3+m}\right]}{a_{n-1}+4}$，令 $m=\dfrac{2+4m}{3+m}$，解得 $m_1=2$，$m_2=-1$，所以 $a_n+2=\dfrac{5(a_{n-1}+2)}{a_{n-1}+4}$，$a_n-1=\dfrac{2(a_{n-1}-1)}{a_{n-1}+4}$，两式相除得 $\dfrac{a_n+2}{a_n-1}=\dfrac{5}{2}\cdot\dfrac{a_{n-1}+2}{a_{n-1}-1}$，所以 $\dfrac{a_n+2}{a_n-1}=\dfrac{a_1+2}{a_1-1}\cdot\left(\dfrac{5}{2}\right)^{n-1}=2\cdot\left(\dfrac{5}{2}\right)^{n-1}$，所以 $a_n=\dfrac{2\times5^{n-1}+2^n}{2\times5^{n-1}-2^{n-1}}$．

变式练习 2　已知数列 $\{a_n\}$ 满足 $a_1=2,a_{n+1}=\dfrac{2a_n-1}{4a_n+6}(n\in\mathbf{N}^*)$，求数列 $\{a_n\}$ 的通项公式．

解： 其特征方程为 $x=\dfrac{2x-1}{4x+6}$，即 $4x^2+4x+1=0$，解得 $x_1=x_2=-\dfrac{1}{2}$，令 $\dfrac{1}{a_{n+1}+\dfrac{1}{2}}=$

$\dfrac{1}{a_n+\dfrac{1}{2}}+c$，由 $a_1=2$，得 $a_2=\dfrac{3}{14}$，求得 $c=1$，所以数列 $\left\{\dfrac{1}{a_n+\dfrac{1}{2}}\right\}$ 是以 $\dfrac{1}{a_1+\dfrac{1}{2}}=\dfrac{2}{5}$ 为首项，以 1

为公差的等差数列，所以 $\dfrac{1}{a_n+\dfrac{1}{2}}=\dfrac{2}{5}+(n-1)\cdot 1=n-\dfrac{3}{5}$，整理得 $a_n=\dfrac{13-5n}{10n-6}$.

变式练习 3 已知数列 $\{a_n\}$ 满足：对任意的 $n\in \mathbf{N}^*$，都有 $a_{n+1}=\dfrac{a_n+4}{2a_n+3}$，且 $a_1=3$，求 $\{a_n\}$ 的通项公式．

解：依定理作特征方程 $x=\dfrac{x+4}{2x+3}$，变形得 $2x^2+2x-4=0$，其根为 $x_1=1$，$x_2=-2$，故

特征方程有两个相异的根，则有 $\dfrac{a_{n+1}-1}{a_{n+1}+2}=\dfrac{\dfrac{a_n+4}{2a_n+3}-1}{\dfrac{a_n+4}{2a_n+3}+2}=\dfrac{a_n+4-2a_n-3}{a_n+4+4a_n+6}=\dfrac{-a_n+1}{5a_n+10}=$

$-\dfrac{1}{5}\times\dfrac{a_n-1}{a_n+2}$，即 $\dfrac{a_{n+1}-1}{a_{n+1}+2}=-\dfrac{1}{5}\times\dfrac{a_n-1}{a_n+2}$，又 $\dfrac{a_1-1}{a_1+2}=\dfrac{3-1}{3+2}=\dfrac{2}{5}$，所以数列 $\left\{\dfrac{a_n-1}{a_n+2}\right\}$ 是以 $\dfrac{2}{5}$

为首项，$-\dfrac{1}{5}$ 为公比的等比数列，所以 $\dfrac{a_n-1}{a_n+2}=\dfrac{2}{5}\left(-\dfrac{1}{5}\right)^{n-1}$，$a_n=\dfrac{\dfrac{4}{5}\times\left(-\dfrac{1}{5}\right)^{n-1}+1}{1-\dfrac{2}{5}\times\left(-\dfrac{1}{5}\right)^{n-1}}=$

$\dfrac{(-5)^n-4}{2+(-5)^n}$，$n\in \mathbf{N}^*$.

第三章　　求曲线的轨迹方程

在数学中,用坐标法研究几何图形的知识形成的学科叫作解析几何.解析几何研究的主要问题:① 根据已知条件,求出曲线的方程;② 通过曲线的方程,研究曲线的性质.

求曲线的轨迹方程是解析几何最基本、最重要的课题之一,是用代数方法研究几何问题的基础,这类题目把基本知识、方法技巧、思维能力、计算能力融为一体.

求曲线方程的一般方法步骤如下:

(1) 建立适当的直角坐标系,用 (x,y) 表示曲线上任意一点 M 的坐标;

(2) 写出适合条件 p 的点 M 的集合 $p=\{M \mid p(m)\}$;

(3) 用坐标表示 $p(m)$,列出方程 $f(x,y)=0$;

(4) 化简方程 $f(x,y)=0$ 为最简形式;

(5) 证明以化简后的方程的解为坐标的点都是曲线上的点(此步骤经常省略,但一定要注意所求的方程中所表示的点是否都表示曲线上的点,要注意那些特殊的点).

第一节　　待定系数法

待定系数法实质是方程思想的体现,即在确定了圆锥曲线类型的前提下设出方程,利用题中的条件将待定量与已知量统一在方程关系中求解.其整个思维过程可概括为三步:

(1) 先定性(何种圆锥曲线);

(2) 后定形(哪种形式的方程);

(3) 再定参(建立方程解).

例 1　设椭圆 $\dfrac{x^2}{m^2}+\dfrac{y^2}{n^2}=1 (m>0,n>0)$ 的右焦点与抛物线 $y^2=16x$ 的焦点相同,离心率为 $\dfrac{1}{2}$,则椭圆的方程为(　　　).

A. $\dfrac{x^2}{12}+\dfrac{y^2}{16}=1$ 　　　　　　B. $\dfrac{x^2}{16}+\dfrac{y^2}{12}=1$

C. $\dfrac{x^2}{48}+\dfrac{y^2}{64}=1$ 　　　　　　D. $\dfrac{x^2}{64}+\dfrac{y^2}{48}=1$

解：抛物线 $y^2=16x$ 的焦点坐标是 $(4,0)$，即椭圆的右焦点坐标是 $(4,0)$，即半焦距为 4，因为离心率为 $\dfrac{1}{2}$，所以 $\dfrac{4}{m}=\dfrac{1}{2}$，得 $m=8$，而 $n^2=m^2-16=48$，故答案选 D.

例 2　已知中心在原点的双曲线 C 的一个焦点是 $F_1(-4,0)$，一条渐近线的方程是 $3x-\sqrt{7}y=0$，则双曲线 C 的方程为_____．

解：设双曲线 C 的方程为 $\dfrac{x^2}{a^2}-\dfrac{y^2}{b^2}=1(a>0,b>0)$，由题设得 $\begin{cases}a^2+b^2=16,\\ \dfrac{b}{a}=\dfrac{3}{\sqrt{7}},\end{cases}$ 解得 $\begin{cases}a^2=7,\\ b^2=9,\end{cases}$ 所以双曲线 C 的方程为 $\dfrac{x^2}{7}-\dfrac{y^2}{9}=1$.

例 3　已知椭圆 $C:\dfrac{x^2}{a^2}+\dfrac{y^2}{b^2}=1(a>b>0)$，点 $F\left(\sqrt{3},\dfrac{\sqrt{3}}{2}\right)$ 为椭圆上一点，且 $b=a\cdot\cos\dfrac{\pi}{6}$. 求此椭圆的方程.

解：因为 $b=a\cdot\cos\dfrac{\pi}{6}$，所以 $\dfrac{b}{a}=\dfrac{\sqrt{3}}{2}$，又因为 $\dfrac{3}{a^2}+\dfrac{3}{4b^2}=1$，解得 $a^2=4,b^2=3$. 故椭圆 C 的方程为 $\dfrac{x^2}{4}+\dfrac{y^2}{3}=1$.

例 4　已知 A,B,D 三点不在一条直线上，且 $A(-2,0),B(2,0)$，$|\overrightarrow{AD}|=2$，$\overrightarrow{AE}=\dfrac{1}{2}(\overrightarrow{AB}-\overrightarrow{DA})$.

（1）求 E 点的轨迹方程；

（2）过 A 作直线交以 A,B 为焦点的椭圆于 P,Q 两点，线段 PQ 的中点到 y 轴的距离为 $\dfrac{4}{5}$，且直线 PQ 与 E 点的轨迹相切，求椭圆方程.

解：(1) 设 $E(x,y)$，由 $\overrightarrow{AE}=\dfrac{1}{2}(\overrightarrow{AB}-\overrightarrow{DA})$ 得 $\overrightarrow{AE}=\dfrac{1}{2}(\overrightarrow{AB}+\overrightarrow{AD})$，可知 E 为 BD 中点，易知 $D(2x-2,2y)$. 又因为 $|\overrightarrow{AD}|=2$，则 $(2x-2+2)^2+(2y)^2=4$，即 E 点轨迹方程为 $x^2+y^2=1(y\neq0)$.

（2）设 $P(x_1,y_1),Q(x_2,y_2)$，中点坐标为 (x_0,y_0)，由题意设椭圆方程为 $\dfrac{x^2}{a^2}+\dfrac{y^2}{a^2-4}=1$，直线 PQ 方程为 $y=k(x+2)$. 因为直线 PQ 与 E 点的轨迹相切，所以 $\dfrac{|2k|}{\sqrt{k^2+1}}=1$，解得 $k=\pm\dfrac{\sqrt{3}}{3}$.

将 $y=\pm\dfrac{\sqrt{3}}{3}(x+2)$ 代入椭圆方程并整理,得 $4(a^2-3)x^2+4a^2x+16a^2-3a^4=0$,所以 $x_0=$

$\dfrac{x_1+x_2}{2}=-\dfrac{a^2}{2(a^2-3)}$,又由题意知 $x_0=-\dfrac{4}{5}$,即 $\dfrac{a^2}{2(a^2-3)}=\dfrac{4}{5}$,解得 $a^2=8$. 故所求的椭圆

方程为 $\dfrac{x^2}{8}+\dfrac{y^2}{4}=1$.

注:用待定系数法求椭圆方程时,若焦点位置不确定,可把椭圆方程设为 $Ax^2+By^2=1(A>0,B>0,A\neq B)$ 的形式.

例5 已知圆 P 过点 $A(4,0),B(1,0)$.

(1)若圆 P 过点 $C(5,-1)$,求圆 P 的方程;

(2)若圆心 P 的纵坐标为 4,求圆 P 的方程.

分析:(1)当题设给出圆上三点时,求圆的方程,此时可设圆的一般方程为 $x^2+y^2+Dx+Ey+F=0$,将三点代入,求解圆的方程;(2)AB 的垂直平分线过圆心,所以圆心的横坐标为 $\dfrac{5}{2}$,圆心与圆上任一点连线段为半径,根据圆心与半径求圆的标准方程.

解:(1)设圆 P 的方程是 $x^2+y^2+Dx+Ey+F=0$,则由已知得

$$\begin{cases} 1^2+0^2+D+0+F=0, \\ 4^2+0^2+4D+0+F=0, \\ 5^2+(-1)^2+5D-E+F=0, \end{cases}$$

解得 $\begin{cases} D=-5, \\ E=5, \\ F=4, \end{cases}$ 故圆 P 的方程为 $x^2+y^2-5x+5y+4=0$.

(2)由圆的对称性可知,圆心 P 的横坐标为 $\dfrac{1+4}{2}=\dfrac{5}{2}$,故圆心为 $P\left(\dfrac{5}{2},4\right)$,故圆 P 的半径

$r=|AP|=\sqrt{\left(4-\dfrac{5}{2}\right)^2+(0-4)^2}=\dfrac{\sqrt{73}}{2}$,故圆 P 的标准方程为 $\left(x-\dfrac{5}{2}\right)^2+(y-4)^2=\dfrac{73}{4}$.

【方法总结】

待定系数法是中学数学解题的基本方法,先定性,再设定待定系数,根据已知条件列出方程,求解方程.

【变式练习】

变式练习1 中心在原点,焦点在坐标为 $(0,\pm5\sqrt{2})$ 的椭圆被直线 $3x-y-2=0$ 截得的

弦的中点的横坐标为 $\dfrac{1}{2}$,则椭圆方程为( ).

A. $\dfrac{2x^2}{25}+\dfrac{2y^2}{75}=1$ B. $\dfrac{2x^2}{75}+\dfrac{2y^2}{25}=1$

C. $\dfrac{x^2}{25}+\dfrac{y^2}{75}=1$ D. $\dfrac{x^2}{75}+\dfrac{y^2}{25}=1$

解:由题意,可设椭圆方程为 $\dfrac{y^2}{a^2}+\dfrac{x^2}{b^2}=1$,且 $a^2=50+b^2$,即方程为 $\dfrac{y^2}{50+b^2}+\dfrac{x^2}{b^2}=1$. 将直线 $3x-y-2=0$ 代入,整理成关于 x 的二次方程,由 $x_1+x_2=1$ 可求得 $b^2=25,a^2=75$.

变式练习2 已知离心率为 $\dfrac{2\sqrt{2}}{3}$ 的椭圆 $\dfrac{x^2}{a^2}+y^2=1(a>1)$ 与直线 l 交于 P,Q 两点,记直线 OP 的斜率为 k_1,直线 OQ 的斜率为 k_2,求椭圆方程.

解:由题意可知 $\begin{cases} b=1, \\ e=\dfrac{c}{a}=\dfrac{2\sqrt{2}}{3}, \\ a^2=b^2+c^2, \end{cases}$ 解得 $a=3,c=2\sqrt{2}$,所以椭圆方程为 $\dfrac{x^2}{9}+y^2=1$.

变式练习3 已知椭圆 C 的中心在原点,一个焦点为 $F_1(-\sqrt{3},0)$,且 C 经过点 $P\left(\sqrt{3},\dfrac{1}{2}\right)$,求 C 的方程.

解:由题意,设椭圆 $C:\dfrac{x^2}{a^2}+\dfrac{y^2}{b^2}=1(a>b>0)$,焦距为 $2c$,则 $c=\sqrt{3}$,椭圆的另一个焦点为 $F_2(\sqrt{3},0)$,由椭圆定义得 $2a=|PF_1|+|PF_2|=\dfrac{7}{2}+\dfrac{1}{2}=4,a=2,b=\sqrt{a^2-c^2}=1$,所以 C 的方程为 $\dfrac{x^2}{4}+y^2=1$.

变式练习4 求经过直线 $x+y=0$ 与圆 $x^2+y^2+2x-4y-8=0$ 的交点,且经过点 $P(-1,-2)$ 的圆的方程.

解:因为 $\begin{cases} x^2+y^2+2x-4y-8=0, \\ x+y=0, \end{cases}$ 所以直线与圆的交点为 $A(1,-1,)B(-4,4)$. 设圆的方程为 $x^2+y^2+Dx+Ex+F=0$,所以 $\begin{cases} 1+1+D-E+F=0, \\ 16+16-4D+4E+F=0, \\ 1+4-D-2E+F=0, \end{cases}$ 所以 $D=3,E=-3,F=-8$,且满足 $D^2+E^2-4F>0$,所求的方程即为 $x^2+y^2+3x-3y-8=0$.

第二节 直接法

若命题中所求曲线上的动点与已知条件有直接关系,这时设曲线上动点坐标为 (x,y),

就可根据命题中的已知条件研究动点形成的几何特征,在此基础上运用几何或代数的基本公式、定理等列出含有 x,y 的关系式,从而得到轨迹方程,这种求轨迹方程的方法称作直接法.

例 1 已知 $A(2,0),B(-1,0)$,动点 $C(x,y)$ 满足 $\left|\dfrac{CA}{CB}\right|=2$. 设动点 C 的轨迹为 E. 求动点 C 的轨迹方程,并说明轨迹 E 是什么图形.

解: 由题意可得 $\dfrac{\sqrt{(x-2)^2+y^2}}{\sqrt{(x+1)^2+y^2}}=2$,化简可得 $(x+2)^2+y^2=4$,动点 C 的轨迹方程轨迹为 $(x+2)^2+y^2=4$,E 是以 $(-2,0)$ 为圆心,以 2 为半径的圆.

例 2 如图 3-1 所示,在直角坐标系中,点 $Q(4,0)$,圆 E 的方程为 $x^2+y^2=2$,动点 M 到圆 E 的切线长与 $|MQ|$ 的比等于常数 $\varphi(\varphi>0)$,求动点 M 的轨迹.

解: 设 MN 切圆 E 于 N,则有 $|MN|^2=|MO|^2-|ON|^2$. 设 $M(x,y)$,则可得到 $\sqrt{x^2+y^2-2}=\varphi\sqrt{(x-4)^2+y^2}$.

当 $\varphi=1$ 时,方程为 $x=\dfrac{9}{4}$,表示一条直线.

当 $\varphi\neq 1$ 时,方程为 $\left(x+\dfrac{4\varphi^2}{1-\varphi^2}\right)^2+y^2=\dfrac{2-2\varphi^2}{(1-\varphi^2)^2}$,表示一个圆.

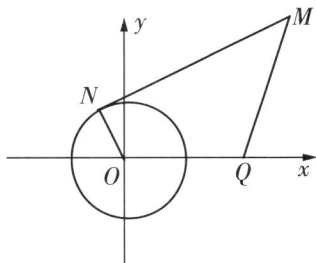

图 3-1 例 2 的示意图

例 3 圆 O_1 与圆 O_2 的半径都是 1,$O_1O_2=6$. 过动点 P 分别作圆 O_2、圆 O_2 的切线 PM,PN(M,N 分别为切点),使得 $PM=\sqrt{3}PN$. 试建立适当的坐标系,并求动点 P 的轨迹方程.

解: 如图 3-2 所示,以 O_1O_2 的中点 O 为原点,O_1O_2 所在直线为 x 轴,建立的平面直角坐标系,$O_1(-3,0)$,$O_2(3,0)$.

由已知 $PM=\sqrt{3}PN$,得 $PM^2=3PN^2$.

因为两圆半径均为 1,所以 $PO_1^2-1=3(PO_2^2-1)$. 设 $P(x,y)$,则 $(x+3)^2+y^2-1=3[(x-3)^2+y^2-1]$,即 $x^2-12x+y^2+8=0$[或 $(x-6)^2+y^2=28$].

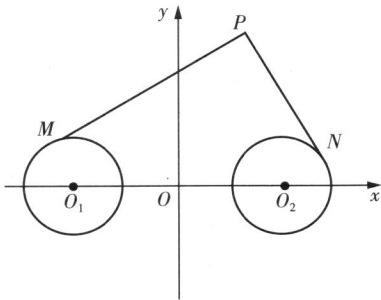

图 3-2 例 3 答案的示题图

例 4 在直角 $\triangle ABC$ 中,斜边是定长 $2a(a>0)$,求直角顶点 C 的轨迹方程.

解法 1: 由于未给定坐标系,为此,首先建立直角坐标系,取 AB 所在的直线为 x 轴,AB

的中点 O 为坐标原点,过 O 与 AB 垂直的直线为 y 轴(见图3-3),则有 $A(-a,0)$,$B(a,0)$,设动点 C 为 (x,y). 因为 $|AC|^2+|BC|^2=|AB|^2$,所以 $\left[\sqrt{(x+a)^2+y^2}\right]^2+\left[\sqrt{(x-a)^2+y^2}\right]^2=4a^2$,即 $x^2+y^2=a^2$. 由于 C 点到达 A,B 位置时直角三角形 ABC 不存在,轨迹中应除去 A,B 两点,故所求方程为 $x^2+y^2=a^2(x\neq\pm a)$.

解法2:如解法1建立直角坐标系,设 $A(-a,0)$,$B(a,0)$,$C(x,y)$,因为 $k_{AC}\cdot k_{BC}=-1$①,所以 $\dfrac{y}{x+a}\cdot\dfrac{y}{x-a}=-1$②,化简得 $x^2+y^2=a^2$③,由于在 $x\neq\pm a$ 时方程 ② 与 ③ 不等价,故所求轨迹方程为 $x^2+y^2=a^2$ $(x\neq\pm a)$.

解法3:如解法1建立直角坐标系,设 $A(-a,0)$,$B(a,0)$,且设动点 $C(x,y)$,因为 $|CO|=\dfrac{1}{2}|AB|$,所以

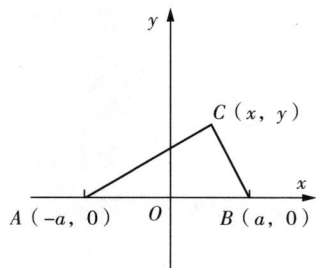

图3-3 例4答案的示题图

$\sqrt{x^2+y^2}=a$,即 $x^2+y^2=a^2$,轨迹中应除去 A,B 两点(理由同解法1),故所求轨迹方程为 $x^2+y^2=a^2(x\neq\pm a)$.

【方法总结】

(1)直接法求动点轨迹一般有建坐标系、设点、列式、化简、证明五个步骤,最后的证明可以省略.

(2)有的轨迹问题包含一定的隐含条件,也就是曲线上点的坐标的取值范围. 由曲线和方程的概念可知,在求曲线方程时一定要注意它的"完备性" 和"纯粹性",即轨迹若是曲线的一部分,应注明方程中 x 的取值范围,或同时注明 x,y 的取值范围,也就是注意"挖"与"补".

(3)注意审题,根据已知条件及一些基本公式,如两点间距离公式、点到直线的距离公式、直线的斜率公式等,直接列出动点满足的等量关系式,从而求得轨迹方程.

(4)"轨迹"与"轨迹方程"既有区别又有联系,若是求轨迹方程,一般只求出方程即可,若是求轨迹,不仅要求出方程,还要说明轨迹是什么图形. 若轨迹有不同的情况,应分别讨论,以保证它的完整性.

【变式练习】

变式练习1 平面内动点 P 到点 $F(10,0)$ 的距离与到直线 $x=4$ 的距离之比为2,则点 P 的轨迹方程是_____.

答案　$\dfrac{(x-2)^2}{16}-\dfrac{y^2}{48}=1.$

变式练习 2　设动直线 l 垂直于 x 轴，且与椭圆 $x^2+2y^2=4$ 交于 A,B 两点，P 是 l 上满足 $\overrightarrow{PA}\cdot\overrightarrow{PB}=1$ 的点，求点 P 的轨迹方程.

解：设 P 点的坐标为 (x,y)，则由方程 $x^2+2y^2=4$ 得 $y=\pm\sqrt{\dfrac{4-x^2}{2}}$，由于直线 l 与椭圆交于两点 A,B，故 $-2<x<2$，即 A 点的坐标为 $\left(x,\sqrt{\dfrac{4-x^2}{2}}\right)$，$B$ 点的坐标为 $\left(x,-\sqrt{\dfrac{4-x^2}{2}}\right)$，所以 $\overrightarrow{PA}=\left(0,\sqrt{\dfrac{4-x^2}{2}}-y\right)$，$\overrightarrow{PB}=\left(0,-\sqrt{\dfrac{4-x^2}{2}}-y\right)$，由题知 $\overrightarrow{PA}\cdot\overrightarrow{PB}=1$，即 $\left(0,\sqrt{\dfrac{4-x^2}{2}}-y\right)\cdot\left(0,-\sqrt{\dfrac{4-x^2}{2}}-y\right)=1$，所以 $y^2-\dfrac{4-x^2}{2}=1$，即 $x^2+2y^2=6$，所以点 P 的轨迹方程为 $\dfrac{x^2}{6}+\dfrac{y^2}{3}=1(-2<x<2).$

变式练习 3　到两互相垂直的异面直线的距离相等的点，在过其中一条直线且平行于另一条直线的平面内的轨迹是（　　　）.

A. 直线　　　　　　B. 椭圆　　　　　　C. 抛物线　　　　　　D. 双曲线

解：在长方体 $ABCD-A_1B_1C_1D_1$ 中建立如图 $3-4$ 所示的空间直角坐标系，易知直线 AD 与 D_1C_1 是异面垂直的两条直线，过直线 AD 与 D_1C_1 平行的平面是面 $ABCD$，设在平面 $ABCD$ 内动点 $M(x,y)$ 满足到直线 AD 与 D_1C_1 的距离相等，作 $MM_1\perp AD$ 于 M_1，$MN\perp CD$ 于 N，$NP\perp D_1C_1$ 于 P，连接 MP，易知 $MN\perp$ 平面 CDD_1C_1，$MP\perp D_1C_1$，则有 $MM_1=MP$，$y^2=x^2+a^2$（其中 a 是异面直线 AD 与 D_1C_1 间的距离），即有 $y^2-x^2=a^2$，因此动点 M 的轨迹是双曲线，答案选 D.

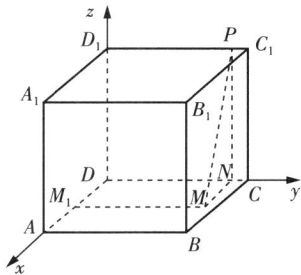

图 $3-4$　变式练习 3
答案的示意图

变式练习 4　已知线段 $AB=6$，直线 AM,BM 相交于 M，且它们的斜率之积是 $\dfrac{4}{9}$，求点 M 的轨迹方程.

解：以 AB 所在直线为 x 轴，AB 垂直平分线为 y 轴建立坐标系，则 $A(-3,0)$，$B(3,0)$，设点 M 的坐标为 (x,y)，则直线 AM 的斜率 $k_{AM}=\dfrac{y}{x+3}(x\neq-3)$，直线 BM 的斜率 $k_{BM}=\dfrac{y}{x-3}(x\neq3)$，由已知有 $\dfrac{y}{x+3}\cdot\dfrac{y}{x-3}=\dfrac{4}{9}(x\neq3)$，化简，整理得点 M 的轨迹方程为 $\dfrac{x^2}{9}-\dfrac{y^2}{4}=1(x\neq\pm3).$

第三节　　定义法

根据已知条件判断动点的轨迹是何种图形,再求其轨迹方程,这种方法叫作定义法.

例 1　动点 $P(x,y)$ 的坐标满足 $\sqrt{(x-3)^2+y^2}+\sqrt{(x+3)^2+y^2}=8$. 试确定点 P 的轨迹.

分析:题目中 $\sqrt{(x-3)^2+y^2}$ 是 (x,y) 到 $(3,0)$ 的距离,$\sqrt{(x+3)^2+y^2}$ 是 (x,y) 到 $(-3,0)$ 的距离,根据题目意思,结合椭圆定义就可以确定点 P 的轨迹.

解:设点 A 的坐标为 $(3,0)$,点 B 的坐标为 $(-3,0)$,则 $\sqrt{(x-3)^2+y^2}$ 表示 PA,$\sqrt{(x+3)^2+y^2}$ 表示 PB,又 $AB=6$,所以 $PA+PB=8>6$,所以点 P 的轨迹是以 A,B 为焦点的椭圆.

例 2　在 $\triangle ABC$ 中,$BC=24$,AC,AB 上的两条中线长度之和为 60,求 $\triangle ABC$ 的重心 M 的轨迹方程.

解:以线段 BC 所在直线为 x 轴,线段 BC 的中垂线为 y 轴建立直角坐标系,如图 3-5 所示,M 为重心,则有 $|BM|+|CM|=\dfrac{2}{3}\times 60=40$. 所以 M 点的轨迹是以 B,C 为焦点的椭圆,其中 $c=12$,$a=20$,所以 $b=\sqrt{a^2-c^2}=16$,所以 $\triangle ABC$ 的重心 M 的轨迹方程为 $\dfrac{x^2}{400}+\dfrac{y^2}{256}=1(y\neq 0)$.

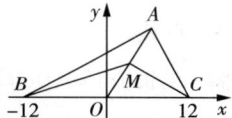

图 3-5　例 2 答案的示意图

例 3　如图 3-6 所示,圆 O 的半径为定长 a,A 是圆 O 内一个定点,P 是圆上任意一点. 线段 AP 的垂直平分线和半径 OP 相交于点 Q,当点 P 在圆上运动时,点 Q 的轨迹是什么? 为什么?

解:连接 QA,因为线段 AP 的垂直平分线和半径 OP 相交于点 Q,所以 $PQ=AQ$,$OQ+PQ=OQ+AQ=a(a>OA)$,根据椭圆定义,点 Q 的轨迹是椭圆,它的焦点为 O,A.

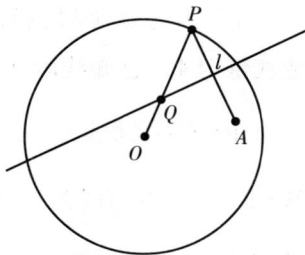

图 3-6　例 3 答案的示意图

例 4　圆 N 的方程为 $(x-1)^2+y^2=9$,圆 M 的方程为 $(x+1)^2+y^2=1$,动圆 P 与圆 M 外切并与圆 N 内切,已知圆心 P 的轨迹为曲线 E,求 E 的方程.

分析:由两圆外切、内切得到 $|PM|=R+1$,$|PN|=3-R$,所以 $|PM|+|PN|=4>2$,关键是画图,联想两圆外切、内切的连心线.

解:如图 3-7 所示,连接 PM,PN,则 $|PM|=R+1$,$|PN|=3-R$,所以 $|PM|+$

$\mid PN\mid=4>2$，满足椭圆定义，所以圆心 P 的轨迹是椭圆，E 的方程为 $\dfrac{x^2}{4}+\dfrac{y^2}{3}=1$.

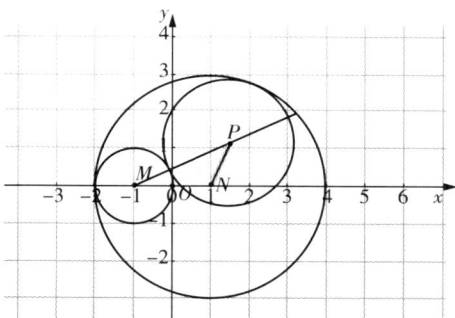

图 3-7　例 4 答案的示意图

例 5　设圆 $x^2+y^2+2x-15=0$ 的圆心为 A，直线 l 过点 $B(1,0)$ 且与 x 轴不重合，l 交圆 A 于 C,D 两点，过 B 作 AC 的平行线交 AD 于点 E.

(1) 证明 $\mid EA\mid+\mid EB\mid$ 为定值，并写出点 E 的轨迹方程；

(2) 设点 E 的轨迹为曲线 C_1，直线 l 交 C_1 于 M,N 两点，过 B 且与 l 垂直的直线与圆 A 交于 P,Q 两点，求四边形 $MPNQ$ 面积的取值范围.

分析： (1) 利用椭圆定义求方程；(2) 把面积表示为关于斜率 k 的函数，再求最值.

解： (1) 因为 $\mid AD\mid=\mid AC\mid$，$EB/\!/AC$，故 $\angle EBD=\angle ACD=\angle ADC$，所以 $\mid EB\mid=\mid ED\mid$，故 $\mid EA\mid+\mid EB\mid=\mid EA\mid+\mid ED\mid=\mid AD\mid$. 又因为圆 A 的标准方程为 $(x+1)^2+y^2=16$，从而 $\mid AD\mid=4$，所以 $\mid EA\mid+\mid EB\mid=4$. 由题设得 $A(-1,0)$，$B(1,0)$，$\mid AB\mid=2$，可得点 E 的轨迹方程为 $\dfrac{x^2}{4}+\dfrac{y^2}{3}=1(y\neq0)$.

(2) 当 l 与 x 轴不垂直时，设 l 的方程为 $y=k(x-1)(k\neq0)$，$M(x_1,y_1)$，$N(x_2,y_2)$，

由 $\begin{cases}y=k(x-1),\\ \dfrac{x^2}{4}+\dfrac{y^2}{3}=1\end{cases}$ 得 $(4k^2+3)x^2-8k^2x+4k^2-12=0$，则 $x_1+x_2=\dfrac{8k^2}{4k^2+3}$，$x_1x_2=\dfrac{4k^2-12}{4k^2+3}$，

所以 $\mid MN\mid=\sqrt{1+k^2}\mid x_1-x_2\mid=\dfrac{12(k^2+1)}{4k^2+3}$. 过点 $B(1,0)$ 且与 l 垂直的直线 $m:y=-\dfrac{1}{k}(x-1)$，A 到 m 的距离为 $\dfrac{2}{\sqrt{k^2+1}}$，所以 $\mid PQ\mid=2\sqrt{4^2-\left(\dfrac{2}{\sqrt{k^2+1}}\right)^2}=4\sqrt{\dfrac{4k^2+3}{k^2+1}}$，故

四边形 $MPNQ$ 的面积 $S=\dfrac{1}{2}\mid MN\mid\mid PQ\mid=12\sqrt{1+\dfrac{1}{4k^2+3}}$.

可得当 l 与 x 轴不垂直时，四边形 $MPNQ$ 面积的取值范围为 $(12,8\sqrt{3})$.

当 l 与 x 轴垂直时，其方程为 $x=1$，$\mid MN\mid=3$，$\mid PQ\mid=8$，四边形 $MPNQ$ 的面积为 12.

综上,四边形 $MPNQ$ 面积的取值范围为 $[12,8\sqrt{3})$.

注:本题主要考查椭圆的定义、直线和椭圆的位置关系等,考查了逻辑推理、数学建模、数学运算等核心素养.

【方法总结】

(1)用定义法求轨迹是高考的热点之一,一要熟练掌握轨迹的定义,如圆、椭圆、双曲线、抛物线;二要熟练掌握平面几何的一些性质,如三角形内角平分线定理、垂径定理等. 还要注意所求的轨迹是否是完整的圆、椭圆、双曲线、抛物线,如果不是完整的曲线,需要对其中的变量 x,y 进行限制.

(2)定义法的关键是条件的转化 —— 转化成某一基本轨迹的定义条件,如椭圆 —— 到两定点(焦点)的距离之和的绝对值为一常数,且该常数必须大于两定点间的距离;双曲线 —— 到两定点(焦点)的距离之差的绝对值为一常数,且该常数必须小于两定点间的距离.

【变式练习】

变式练习 1　方程 $2\sqrt{(x-1)^2+(y-1)^2}=|x+y+2|$ 表示的曲线是(　　).

A. 椭圆　　　　　　B. 双曲线　　　　　　C. 线段　　　　　　D. 抛物线

答案　A

变式练习 2　双曲线 $\dfrac{x^2}{4}-\dfrac{y^2}{b^2}=1(b\in\mathbf{N}^*)$ 的两个焦点 F_1,F_2,P 为双曲线上一点,$|OP|<5$,$|PF_1|$,$|F_1F_2|$,$|PF_2|$ 成等比数列,则 $b^2=$ _____ .

解:设 $F_1(-c,0),F_2(c,0),P(x,y)$,则 $|PF_1|^2+|PF_2|^2=2(|PO|^2+F_1O|^2)<2(5^2+c^2)$,即 $|PF_1|^2+|PF_2|^2<50+2c^2$,又因为 $|PF_1|^2+|PF_2|^2=(|PF_1|-|PF_2|)^2+2|PF_1|\cdot|PF_2|$,依双曲线的定义,有 $|PF_1|-|PF_2|=4$,依已知条件有 $|PF_1|\cdot|PF_2|=|F_1F_2|^2=4c^2$,所以 $16+8c^2<50+2c^2$,所以 $c^2<\dfrac{17}{3}$,又因为 $c^2=4+b^2<\dfrac{17}{3}$,所以 $b^2<\dfrac{5}{3}$,所以 $b^2=1$.

变式练习 3　已知动圆 M 过定点 $A(-3,0)$,并且内切于定圆 $B:(x-3)^2+y^2=64$,求动圆圆心 M 的轨迹方程.

解:设动圆 M 的半径为 r,则 $|MA|=r$,$|MB|=8-r$,所以 $|MA|+|MB|=8$,且 $8>|AB|=6$,所以动点 M 的轨迹是椭圆,且焦点分别是 $A(-3,0),B(3,0)$,且 $2a=8$,所以 $a=4,c=3$,所以 $b^2=a^2-c^2=16-9=7$,所以所求动圆圆心 M 的轨迹方程是 $\dfrac{x^2}{16}+\dfrac{y^2}{7}=1$.

变式练习4　已知圆 $M:(x+\sqrt{5})^2+y^2=36$，定点 $N(\sqrt{5},0)$，点 P 为圆 M 上的动点，点 Q 在 NP 上，点 G 在 MP 上，满足 $\overrightarrow{NP}=2\overrightarrow{NQ}$，$\overrightarrow{GQ}\cdot\overrightarrow{NP}=0$。求点 G 的轨迹方程。

分析：$\overrightarrow{NP}=2\overrightarrow{NQ}$，说明 Q 点是 NP 中点，又因为 $\overrightarrow{GQ}\cdot\overrightarrow{NP}=0$，说明 GQ 与 NP 垂直，所以 GQ 是 NP 的垂直平分线。

解：因为 $\overrightarrow{NP}=2\overrightarrow{NQ}$，所以 Q 为 NP 的中点，又因为 $\overrightarrow{GQ}\cdot\overrightarrow{NP}=0$，所以 GQ 为 NP 的中垂线，因此 $|PG|=|GN|$，所以 $|PG|+|GM|=|GM|+|GN|=2a=6>2\sqrt{5}$，满足椭圆定义，所以点 G 的轨迹方程为 $\dfrac{x^2}{9}+\dfrac{y^2}{4}=1$。

第四节　　点差法

圆锥曲线中与弦的中点有关的问题可用点差法，其基本方法是把弦的两端点 $A(x_1,y_1)$，$B(x_2,y_2)$ 的坐标代入圆锥曲线方程，然后相减，利用平方差公式可得 x_1+x_2，y_1+y_2，x_1-x_2，y_1-y_2 等关系式，由于弦 AB 的中点 $P(x,y)$ 的坐标满足 $2x=x_1+x_2$，$2y=y_1+y_2$ 且直线 AB 的斜率为 $\dfrac{y_2-y_1}{x_2-x_1}$，由此可求得弦 AB 的中点的轨迹方程。

例1　椭圆 $C:\dfrac{x^2}{4}+\dfrac{y^2}{3}=1$ 中，过 $P(1,1)$ 的弦恰被 P 点平分，则该弦所在直线方程为 _____。

解：设过点 $P(1,1)$ 的直线交椭圆于 $A(x_1,y_1)$，$B(x_2,y_2)$，则有 $\dfrac{x_1^2}{4}+\dfrac{y_1^2}{3}=1$，$\dfrac{x_2^2}{4}+\dfrac{y_2^2}{3}=1$，两式相减可得 $\dfrac{(x_1-x_2)(x_1+x_2)}{4}+\dfrac{(y_1-y_2)(y_1+y_2)}{3}=0$，而 $P(1,1)$ 为线段 AB 的中点，故有 $x_1+x_2=2$，$y_1+y_2=2$，所以由 $\dfrac{(x_1-x_2)\times2}{4}+\dfrac{(y_1-y_2)\times2}{3}=0$ 推出 $\dfrac{y_1-y_2}{x_1-x_2}=-\dfrac{3}{4}$，即 $k_{AB}=-\dfrac{3}{4}$，故所求直线方程为 $y-1=-\dfrac{3}{4}(x-1)$，化简得 $3x+4y-7=0$。

例2　过点 $(1,0)$ 的直线 l 与中心在原点、焦点在 x 轴上且离心率为 $\dfrac{\sqrt{2}}{2}$ 的椭圆 E 相交于 P，Q 两点，直线 $y=\dfrac{1}{2}x$ 过线段 PQ 的中点，同时椭圆 E 上存在一点与右焦点关于直线 l 对称，试求直线 l 与椭圆 E 的方程。

解：由 $e=\dfrac{c}{a}=\dfrac{\sqrt{2}}{2}$ 得 $\dfrac{a^2-b^2}{a^2}=\dfrac{1}{2}$，从而 $a^2=2b^2$，$c=b$，设椭圆方程为 $x^2+2y^2=2b^2$，$P(x_1,y_1)$，$Q(x_2,y_2)$ 在椭圆上，则 $x_1^2+2y_1^2=2b^2$，$x_2^2+2y_2^2=2b^2$，两式相减得 $(x_1^2-x_2^2)+2(y_1^2-$

$y_2^2)=0$，$\dfrac{y_1-y_2}{x_1-x_2}=-\dfrac{x_1+x_2}{2(y_1+y_2)}$．设 PQ 中点为 (x_0,y_0)，则 $k_{PQ}=-\dfrac{x_0}{2y_0}$，又因为 (x_0,y_0) 在直

线 $y=\dfrac{1}{2}x$ 上，则 $y_0=\dfrac{1}{2}x_0$，于是 $-\dfrac{x_0}{2y_0}=-1$，$k_{PQ}=-1$，设 l 的方程为 $y=-x+1$．右焦点 $(b,$

$0)$ 关于 l 的对称点设为 (x',y')，则 $\begin{cases}\dfrac{y'}{x'-b}=1,\\[2mm]\dfrac{y'}{2}=-\dfrac{x'+b}{2}+1,\end{cases}$ 解得 $\begin{cases}x'=1,\\y'=1-b,\end{cases}$ 由点 $(1,1-b)$ 在

椭圆上，得 $1+2(1-b)^2=2b^2$，$b^2=\dfrac{9}{16}$，$a^2=\dfrac{9}{8}$．所以所求椭圆 E 的方程为 $\dfrac{8x^2}{9}+\dfrac{16}{9}y^2=1$，$l$ 的

方程为 $y=-x+1$．

例 3　已知椭圆 C_1 的方程为 $\dfrac{x^2}{a^2}+\dfrac{y^2}{b^2}=1(a>b>0)$，$C_1$ 的离心率为 $\dfrac{\sqrt{2}}{2}$，圆 C_2 的方程为

$(x-2)^2+(y-1)^2=\dfrac{20}{3}$，如果 C_1 与 C_2 相交于 A,B 两点，且线段 AB 恰为圆 C_2 的直径，求直

线 AB 的方程和椭圆 C_1 的方程．

解：由 $e=\dfrac{\sqrt{2}}{2}$，可设椭圆方程为 $\dfrac{x^2}{2b^2}+\dfrac{y^2}{b^2}=1$，又设 $A(x_1,y_1)$，$B(x_2,y_2)$，则 $x_1+x_2=4$，

$y_1+y_2=2$，又因为 $\dfrac{x_1^2}{2b^2}+\dfrac{y_1^2}{b^2}=1$，$\dfrac{x_2^2}{2b^2}+\dfrac{y_2^2}{b^2}=1$，两式相减，得 $\dfrac{x_1^2-x_2^2}{2b^2}+\dfrac{y_1^2-y_2^2}{b^2}=0$，即 $(x_1+$

$x_2)(x_1-x_2)+2(y_1+y_2)(y_1-y_2)=0$，化简得 $\dfrac{y_1-y_2}{x_1-x_2}=-1$，故直线 AB 的方程为 $y=-x+$

3，代入椭圆方程得 $3x^2-12x+18-2b^2=0$，有 $\Delta=24b^2-72>0$，又因为 $|AB|=$

$\sqrt{2}\times\sqrt{(x_1+x_2)^2-4x_1x_2}=2\sqrt{\dfrac{20}{3}}$，得 $\sqrt{2}\times\sqrt{\dfrac{24b^2-72}{9}}=\sqrt{\dfrac{20}{3}}$，解得 $b^2=8$，故所求椭圆方

程为 $\dfrac{x^2}{16}+\dfrac{y^2}{8}=1$．

例 4　已知椭圆方程为 $\dfrac{y^2}{50}+\dfrac{x^2}{25}=1$，求它的斜率为 2 的弦中点的轨迹方程．

解：设弦端点 $P(x_1,y_1)$，$Q(x_2,y_2)$，弦 PQ 的中点 $M(x,y)$，则 $x_1+x_2=2x$，$y_1+y_2=2y$．

又因为 $\dfrac{y_1^2}{50}+\dfrac{x_1^2}{25}=1$，$\dfrac{y_2^2}{50}+\dfrac{x_2^2}{25}=1$，两式相减得 $25(y_1+y_2)(y_1-y_2)+50(x_1+x_2)(x_1-x_2)=0$，

即 $y(y_1-y_2)+2x(x_1-x_2)=0$，即 $\dfrac{y_1-y_2}{x_1-x_2}=-\dfrac{2x}{y}$，因为 $k=\dfrac{y_1-y_2}{x_1-x_2}=2$，所以 $-\dfrac{2x}{y}=2$，即 $x+$

$y=0$．由 $\begin{cases}x+y=0\\[1mm]\dfrac{y^2}{50}+\dfrac{x^2}{25}=1\end{cases}$ 得 $P\left(-\dfrac{5\sqrt{6}}{3},\dfrac{5\sqrt{6}}{3}\right)$，$Q\left(\dfrac{5\sqrt{6}}{3},-\dfrac{5\sqrt{6}}{3}\right)$，因为点 M 在椭圆内，所以它的

斜率为 2 的弦中点的轨迹方程为 $x+y=0\left(-\dfrac{5\sqrt{6}}{3}<x<\dfrac{5\sqrt{6}}{3}\right)$.

【方法总结】

当涉及弦的中点和斜率时,既可联系方程组,用韦达定理求解,也可用点差法求解. 选择点差法,减少了运算步骤,但要注意思维的严密性,一要考虑到斜率不存在的情况,二要验证中点在不在曲线内.

【变式练习】

变式练习 1　已知椭圆方程为 $\dfrac{x^2}{2}+y^2=1$,求斜率为 2 的平行弦的中点的轨迹方程.

解:设弦的两个端点分别为 $P(x_1,y_1)$,$Q(x_2,y_2)$,PQ 的中点为 $M(x,y)$,则 $\dfrac{x_1^2}{2}+y_1^2=1$,$\dfrac{x_2^2}{2}+y_2^2=1$,两式相减得 $\dfrac{x_1^2-x_2^2}{2}+(y_1^2-y_2^2)=0$,所以 $\dfrac{x_1+x_2}{2}+\dfrac{y_1-y_2}{x_1-x_2}(y_1+y_2)=0$. 又因为 $x_1+x_2=2x,y_1+y_2=2y,\dfrac{y_1-y_2}{x_1-x_2}=2$,所以 $x+4y=0$. 因为弦中点轨迹在已知椭圆内,所以所求弦中点的轨迹方程为 $x+4y=0$(在已知椭圆内).

变式练习 2　直线 $l:ax-y-(a+5)=0$(a 是参数)与抛物线 $f:y=(x+1)^2$ 的相交弦是 AB,求弦 AB 的中点轨迹方程.

解:设 $A(x_1,y_1)$,$B(x_2,y_2)$,AB 的中点为 $M(x,y)$,则 $x_1+x_2=2x$. 因为直线 l 的方程为 $a(x-1)-(y+5)=0$,所以 l 过定点 $N(1,-5)$,所以 $k_{AB}=k_{MN}=\dfrac{y+5}{x-1}$. 又因为 $y_1=(x_1+1)^2,y_2=(x_2+1)^2$,两式相减得 $y_1-y_2=(x_1+1)^2-(x_2+1)^2=(x_1-x_2)(x_1+x_2+2)$,所以 $k_{AB}=\dfrac{y_1-y_2}{x_1-x_2}=x_1+x_2+2$. 于是 $\dfrac{y+5}{x-1}=2x+2$,即 $y=2x^2-7$. 因为弦中点的轨迹在已知抛物线内,所以所求弦中点的轨迹方程为 $y=2x^2-7$(在已知抛物线内).

变式练习 3　已知中心在原点,一个焦点为 $F(0,\sqrt{50})$ 的椭圆被直线 $l:y=3x-2$ 截得的弦的中点的横坐标为 $\dfrac{1}{2}$,求椭圆的方程.

解:设椭圆的方程为 $\dfrac{y^2}{a^2}+\dfrac{x^2}{b^2}=1$,则 $a^2-b^2=50$①. 设弦端点 $P(x_1,y_1)$,$Q(x_2,y_2)$,弦 PQ 的中点 $M(x_0,y_0)$,则 $x_0=\dfrac{1}{2}$,$y_0=3x_0-2=-\dfrac{1}{2}$,所以 $x_1+x_2=2x_0=1$,$y_1+y_2=2y_0=-1$,又因为 $\dfrac{y_1^2}{a^2}+\dfrac{x_1^2}{b^2}=1$,$\dfrac{y_2^2}{a^2}+\dfrac{x_2^2}{b^2}=1$,两式相减得 $b^2(y_1+y_2)(y_1-y_2)+a^2(x_1+x_2)(x_1-x_2)=0$,

即 $-b^2(y_1-y_2)+a^2(x_1-x_2)=0$，所以 $\dfrac{y_1-y_2}{x_1-x_2}=\dfrac{a^2}{b^2}$，所以 $\dfrac{a^2}{b^2}=3$②. 联立①②解得 $a^2=75$，$b^2=25$，所以所求椭圆的方程是 $\dfrac{y^2}{75}+\dfrac{x^2}{25}=1$.

变式练习 4 给定双曲线 $x^2-\dfrac{y^2}{2}=1$. 过 $A(2,1)$ 的直线与双曲线交于两点 P_1 和 P_2，求线段 P_1P_2 的中点 P 的轨迹方程．

解：设 $P_1(x_1,y_1)$，$P_2(x_2,y_2)$，代入方程得 $x_1^2-\dfrac{y_1^2}{2}=1$，$x_2^2-\dfrac{y_2^2}{2}=1$，两式相减得 $(x_1+x_2)(x_1-x_2)-\dfrac{1}{2}(y_1+y_2)(y_1-y_2)=0$，又设中点 $P(x,y)$，将 $x_1+x_2=2x$，$y_1+y_2=2y$ 代入，当 $x_1\neq x_2$ 时得 $2x-\dfrac{2y}{2}\cdot\dfrac{y_1-y_2}{x_1-x_2}=0$，又因为 $k=\dfrac{y_1-y_2}{x_1-x_2}=\dfrac{y-1}{x-2}$，代入得 $2x^2-y^2-4x+y=0$. 当弦 P_1P_2 斜率不存在时，其中点 $P(2,0)$ 的坐标也满足上述方程，因此所求轨迹方程是 $2x^2-y^2-4x+y=0$.

变式练习 5 已知椭圆的方程为 $\dfrac{x^2}{4}+\dfrac{y^2}{3}=1$，试确定 m 的取值范围，使得对直线 $y=4x+m$，椭圆上总有不同的两点关于该直线对称．

解：设 $P_1(x_1,y_1)$，$P_2(x_2,y_2)$ 为椭圆上关于直线 $y=4x+m$ 的对称两点，$P(x,y)$ 为弦 P_1P_2 的中点，则 $3x_1^2+4y_1^2=12$，$3x_2^2+4y_2^2=12$，两式相减得，$3(x_1^2-x_2^2)+4(y_1^2-y_2^2)=0$，即 $3(x_1+x_2)(x_1-x_2)+4(y_1+y_2)(y_1-y_2)=0$，因为 $x_1+x_2=2x$，$y_1+y_2=2y$，$\dfrac{y_1-y_2}{x_1-x_2}=-\dfrac{1}{4}$，所以 $y=3x$，这就是弦 P_1P_2 的中点 P 的轨迹方程，它与直线 $y=4x+m$ 的交点必须在椭圆内，联立 $\begin{cases} y=3x, \\ y=4x+m, \end{cases}$ 得 $\begin{cases} x=-m, \\ y=-3m, \end{cases}$ 则必须满足 $y^2<3-\dfrac{3}{4}x^2$，即 $(3m)^2<3-\dfrac{3}{4}m^2$，解得 $-\dfrac{2\sqrt{13}}{13}<m<\dfrac{2\sqrt{13}}{13}$.

第五节 相关点法

相关点法即利用定曲线上的动点，另一动点依赖于它，寻求它们坐标之间的关系，然后代入定曲线的方程进行求解，就得到原动点的轨迹．

例 1 已知点 A 的坐标为 $(-2,0)$，圆 O 的方程为 $x^2+y^2=1$，动点 P 在圆 O 上运动，点 Q 为 AP 延长线上一点，且 $|AP|=|PQ|$．求点 Q 的轨迹方程．

解:设 $Q(x,y)$,点 A 的坐标为 $(-2,0)$,动点 P 在圆 O 上运动,点 Q 为 AP 延长线上一点,且 $|AP|=|PQ|$,则点 P 为 A,Q 的中点,所以得 $P\left(\dfrac{x-2}{2},\dfrac{y}{2}\right)$,代入圆 O 的方程 $x^2+y^2=1$,得 $(x-2)^2+y^2=4$.

例 2 已知一条长为 3 的线段两端点 P,Q 分别在 x,y 轴上滑动,点 M 在线段 PQ 上,且 $PM:MQ=1:2$,求动点 M 的轨迹方程.

解:设 $P(a,0)$,$Q(0,b)$,$M(x,y)$,因为 $|PQ|=3$,所以 $a^2+b^2=9$,M 分 $\overrightarrow{PQ}$ 的比为 $\dfrac{1}{2}$,所以

$$\begin{cases} x=\dfrac{a+\frac{1}{2}\times 0}{1+\frac{1}{2}}=\dfrac{2}{3}a \\ y=\dfrac{0+\frac{1}{2}b}{1+\frac{1}{2}}=\dfrac{1}{3}b \end{cases} \Rightarrow \begin{cases} a=\dfrac{3}{2}x, \\ b=3y, \end{cases}$$ 可得 $\left(\dfrac{3}{2}x\right)^2+(3y)^2=9$,即 $\dfrac{x^2}{4}+y^2=1$.

例 3 已知 M 是以 F_1,F_2 为焦点的双曲线 $\dfrac{x^2}{16}-\dfrac{y^2}{4}=1$ 上的动点,求 $\triangle F_1F_2M$ 的重心 H 的轨迹方程.

解:设重心 $H(x,y)$,点 $M(x_0,y_0)$,因为 $F_1(-2\sqrt{5},0)$,$F_2(2\sqrt{5},0)$,则有

$$\begin{cases} x=\dfrac{-2\sqrt{5}+2\sqrt{5}+x_0}{3} \\ y=\dfrac{0+0+y_0}{3} \end{cases} \Rightarrow \begin{cases} x_0=3x, \\ y_0=3y, \end{cases}$$

代入 $\dfrac{x^2}{16}-\dfrac{y^2}{4}=1$ 得所求轨迹方程为 $\dfrac{9x^2}{16}-\dfrac{9y^2}{4}=1(y\neq 0)$.

例 4 抛物线 $x^2=4y$ 的焦点为 F,过点 $(0,-1)$ 作直线于 l 交抛物线于 A,B 两点,再以 AF,BF 为邻边作平行四边形 $AFBR$,试求动点 R 的轨迹方程.

解法 1(相关点法):设 $R(x,y)$,因为焦点 F 为 $(0,1)$,所以平行四边形 $AFBR$ 的中心为 $P\left(\dfrac{x}{2},\dfrac{y+1}{2}\right)$,将 $y=kx-1$ 代入抛物线方程,得 $x^2-4kx+4=0$,设 $A(x_1,y_1)$,$B(x_2,y_2)$,则

$$\begin{cases} \Delta=16k^2-16>0 \\ x_1+x_2=4k \\ x_1x_2=4 \end{cases} \Rightarrow \begin{cases} |k|>1, \\ x_1+x_2=4k, \\ x_1x_2=4, \end{cases}$$

所以 $y_1 + y_2 = \dfrac{x_1^2 + x_2^2}{4} = \dfrac{(x_1 + x_2)^2 - 2x_1x_2}{4} = 4k^2 - 2$，因为 P 为 AB 的中点，所以

$$\begin{cases} \dfrac{x}{2} = \dfrac{x_1 + x_2}{2} = 2k \\ \dfrac{y+1}{2} = \dfrac{y_1 + y_2}{2} = 2k^2 - 1 \end{cases} \Rightarrow \begin{cases} x = 4k, \\ y = 4k^2 - 3, \end{cases}$$ 消去 k 得 $x^2 = 4(y+3)$，可得 $|x| > 4$，故动点 R

的轨迹方程为 $x^2 = 4(y+3)(|x| > 4)$.

解法 2（点差法）：设 $R(x,y)$，因为焦点 F 为 $(0,1)$，所以平行四边形 $AFBR$ 的中心为 $P\left(\dfrac{x}{2}, \dfrac{y+1}{2}\right)$，设 $A(x_1,y_1)$，$B(x_2,y_2)$，则有 $x_1^2 = 4y_1$，$x_2^2 = 4y_2$，两式相减得 $(x_1 - x_2)(x_1 + x_2) = 4(y_1 - y_2)$，则 $x_1 + x_2 = 4k$. 而 P 为 AB 的中点且直线 l 过点 $(0,-1)$，所以 $x_1 + x_2 = 2 \times \dfrac{x}{2} = x$，$k = \dfrac{\dfrac{y+1}{2} + 1}{\dfrac{x}{2}} = \dfrac{y+3}{x}$，可得 $x = 4 \times \dfrac{y+3}{x}$，化简可得 $x^2 = 4y + 12 \Rightarrow y = \dfrac{x^2 - 12}{4}$. 由点 $P\left(\dfrac{x}{2}, \dfrac{y+1}{2}\right)$ 在抛物线内可得 $\dfrac{x}{2^2} < 4 \times \dfrac{y+1}{2}$，即 $x^2 < 8(y+1)$，则可得 $x^2 < 8\left(\dfrac{x^2 - 12}{4} + 1\right)$，即 $x^2 > 16$，即 $|x| > 4$，故动点 R 的轨迹方程为 $x^2 = 4(y+3)(|x| > 4)$.

【方法总结】

"相关点法"求轨迹方程的基本步骤：

（1）设被动点坐标为 (x,y)，主动点坐标为 (x_1,y_1)；

（2）求关系式：求出两个动点坐标之间的关系式 $\begin{cases} x_1 = f(x,y), \\ y_1 = g(x,y); \end{cases}$

（3）代换：将上述关系式代入已知曲线方程，便可得到所求动点的轨迹方程.

【变式练习】

变式练习 1 已知椭圆 $\dfrac{x^2}{a^2} + \dfrac{y^2}{b^2} = 1(a > b > 0)$ 的左、右焦点分别是 $F_1(-c,0)$，$F_2(c,0)$，Q 是椭圆外的动点，满足 $|\overrightarrow{F_1Q}| = 2a$. 点 P 是线段 F_1Q 与该椭圆的交点，点 T 在线段 F_2Q 上，并且满足：$\overrightarrow{PT} \cdot \overrightarrow{TF_2} = 0$，$|\overrightarrow{TF_2}| \neq 0$. 求点 T 的轨迹 C 的方程.

解：（相关点法）设点 T 的坐标为 (x,y). 当 $|\overrightarrow{PT}| = 0$ 时，点 $(a,0)$ 和点 $(-a,0)$ 在轨迹上. 当 $|\overrightarrow{PT}| \neq 0$ 且 $|\overrightarrow{TF_2}| \neq 0$ 时，由 $\overrightarrow{PT} \cdot \overrightarrow{TF_2} = 0$ 得 $\overrightarrow{PT} \perp \overrightarrow{TF_2}$. 又因为 $|\overrightarrow{PQ}| = |\overrightarrow{PF_2}|$，所以 T 为线段 F_2Q 的中点. 设点 Q 的坐标为 (x',y')，则 $\begin{cases} x = \dfrac{x' + c}{2}, \\ y = \dfrac{y'}{2}, \end{cases}$ 因此 $\begin{cases} x' = 2x - c, \\ y' = 2y. \end{cases}$ 由

$|\overrightarrow{F_1Q}|=2a$ 得 $(x'+c)^2+y'^2=4a^2$，所以可得 $x^2+y^2=a^2$．综上所述，点 T 的轨迹 C 的方程是 $x^2+y^2=a^2$．

变式练习2　设抛物线 $C:y=x^2$ 的焦点为 F，动点 P 在直线 $l:x-y-2=0$ 上运动，过 P 作抛物线 C 的两条切线 PA,PB，且与抛物线 C 分别相切于 A,B 两点．求 $\triangle APB$ 的重心 G 的轨迹方程．

解：设切点 A,B 坐标分别为 $(x_0,x_0^2),(x_1,x_1^2)(x_1\neq x_0)$，所以切线 AP 的方程为 $2x_0x-y-x_0^2=0$，切线 BP 的方程为 $2x_1x-y-x_1^2=0$．解得 P 点的坐标为 $x_P=\dfrac{x_0+x_1}{2}$，$y_P=x_0x_1$，所以 $\triangle APB$ 的重心 G 的坐标为 $x_G=\dfrac{x_0+x_1+x_P}{3}=x_P$，$y_G=\dfrac{y_0+y_1+y_P}{3}=\dfrac{x_0^2+x_1^2+x_0x_1}{3}=\dfrac{(x_0+x_1)^2-x_0x_1}{3}=\dfrac{4x_P^2-y_P}{3}$，所以 $y_P=-3y_G+4x_G^2$，由点 P 在直线 l 上运动，从而得到重心 G 的轨迹方程为 $x-(-3y+4x^2)-2=0$，即 $y=\dfrac{1}{3}(4x^2-x+2)$．

变式练习3　已知定点 $F(1,0)$，动点 P 在 y 轴上运动，过点 P 作 PM 交 x 轴于点 M，并延长 MP 到点 N，且 $\overrightarrow{PM}\cdot\overrightarrow{PF}=0$，$|\overrightarrow{PM}|=|\overrightarrow{PN}|$．求动点 N 的轨迹方程．

解：设动点 N 的坐标为 (x,y)，则 $M(-x,0)$，$P\left(0,\dfrac{y}{2}\right)(x>0)$，$\overrightarrow{PM}=\left(-x,-\dfrac{y}{2}\right)$，$\overrightarrow{PF}=\left(1,-\dfrac{y}{2}\right)$，由 $\overrightarrow{PM}\cdot\overrightarrow{PF}=0$ 得 $-x+\dfrac{y^2}{4}=0$，因此，动点的轨迹方程为 $y^2=4x(x>0)$．

变式练习4　已知 $\triangle ABC$ 的三个顶点都在抛物线 $y^2=32x$ 上，其中 A 的坐标为 $(2,8)$，且 $\triangle ABC$ 的重心 G 是抛物线的焦点，求直线 BC 的方程．

解：由已知抛物线方程得 $G(8,0)$，设 BC 的中点为 $M(x_0,y_0)$，则 A,G,M 三点共线，且 $|AG|$ 与 $|GM|$ 的比值为 2，于是 $\begin{cases}\dfrac{2+2x_0}{1+2}=8,\\[2mm]\dfrac{8+2y_0}{1+2}=0,\end{cases}$ 解得 $\begin{cases}x_0=11,\\y_0=-4,\end{cases}$ 所以 $M(11,-4)$．设 $B(x_1,y_1),C(x_2,y_2)$，则 $y_1+y_2=-8$．又因为 $y_1^2=32x_1$，$y_2^2=32x_2$，两式相减得 $y_1^2-y_2^2=32(x_1-x_2)$，所以 $k_{BC}=\dfrac{y_1-y_2}{x_1-x_2}=\dfrac{32}{y_1+y_2}=\dfrac{32}{-8}=-4$，所以 BC 所在直线方程为 $y+4=-4(x-11)$，即 $4x+y-40=0$．

第六节　参数法

有时很难直接找出动点的横、纵坐标之间关系，如果借助中间量（参数），使 x,y 之间建立起联系，然后再从所求式子中消去参数，便可得动点的轨迹方程．

例 1　设椭圆方程为 $x^2 + \dfrac{y^2}{4} = 1$，过点 $A(0,1)$ 的直线 l 交椭圆于点 P,Q,O 是坐标原点，

点 B 满足 $\overrightarrow{OB} = \dfrac{1}{2}(\overrightarrow{OP} + \overrightarrow{OQ})$，点 C 的坐标为 $\left(\dfrac{1}{2}, \dfrac{1}{2}\right)$，当直线 l 绕点 A 旋转时，求动点 B 的轨

迹方程.

分析：由直线 l 过点 $A(0,1)$，可设其斜率为 k（斜率不存在时要讨论），则直线 l 的方程可

表示出来，根据直线 l 的斜率变化直接影响动点 B 的轨迹，所以只要求出点 B 的横、纵坐标与

斜率 k 的关系，然后消去参数 k 即可求得点 B 的轨迹方程.

解：当直线 l 的斜率存在时，设其斜率为 k，由直线 l 过点 $A(0,1)$，则 l 的方程为 $y = kx +$

1. 记点 P,Q 的坐标分别为 (x_1, y_1)，(x_2, y_2)，由题设可得点 P,Q 的坐标 (x_1, y_1)，(x_2, y_2) 是

方程组 $\begin{cases} y = kx + 1, \\ x^2 + \dfrac{y^2}{4} = 1 \end{cases}$ 的解. 将 $y = kx + 1$ 代入 $x^2 + \dfrac{y^2}{4} = 1$，并化简得 $(4 + k^2)x^2 + 2kx - 3 = 0$，

所以 $x_1 + x_2 = -\dfrac{2k}{4 + k^2}$，$y_1 + y_2 = k(x_1 + x_2) + 2 = \dfrac{8}{4 + k^2}$. 于是，$\overrightarrow{OB} = \dfrac{1}{2}(\overrightarrow{OP} + \overrightarrow{OQ}) =$

$\left(\dfrac{x_1 + x_2}{2}, \dfrac{y_1 + y_2}{2}\right) = \left(\dfrac{-k}{4 + k^2}, \dfrac{4}{4 + k^2}\right)$，设点 B 的坐标为 (x, y)，则 $\begin{cases} x = \dfrac{-k}{4 + k^2}, \\ y = \dfrac{4}{4 + k^2}, \end{cases}$ 则 B 的轨迹

方程为 $4x^2 + y^2 - y = 0$. 当斜率不存在时，PQ 的中点为坐标原点，也满足以上方程，故 B 的

轨迹方程为 $4x^2 + y^2 - y = 0$.

例 2　已知线段 $AA' = 2t$，直线 l 垂直平分 AA' 于 O，在 l 上取两点 P,P'，使有向线段

$\overrightarrow{OP}$，$\overrightarrow{OP'}$ 满足 $\overrightarrow{OP} \cdot \overrightarrow{OP'} = 3$，求直线 AP 与 $A'P'$ 的交点 M 的轨迹方程.

解：如图 $3-8$ 所示，以线段 AA' 所在直线为 x 轴，以线段 AA' 的

中垂线为 y 轴建立直角坐标系. 设点 $P(0,a)(a \neq 0)$，则由题意，得

$P'\left(0, \dfrac{3}{a}\right)$. 由点斜式得直线 AP，$A'P'$ 的方程分别为 $y = \dfrac{a}{t}(x + t)$，

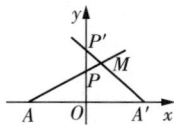

$y = -\dfrac{3}{ta}(x - t)$，两式相乘，消去 a，得 $3x^2 + t^2y^2 = 3t^2(y \neq 0)$，这就

图 $3-8$　例 2 答案
的示意图

是所求点 M 的轨迹方程.

例 3　在直角坐标系 xOy 中，曲线 C 的参数方程为 $\begin{cases} x = \dfrac{1 - t^2}{1 + t^2} \\ y = \dfrac{4t}{1 + t^2} \end{cases}$（$t$ 为参数），以原点 O 为极

点，x 轴的正半轴为极轴建立极坐标系，直线 l 的极坐标方程为 $2\rho\cos\theta + \sqrt{3}\rho\sin\theta + 11 = 0$.

（1）求 C 和 l 的直角坐标方程；

（2）求 C 上的点到 l 的距离的最小值．

分析：（1）利用代入消元法，可求得 C 的直角坐标方程，根据极坐标与直角坐标互化原则可得 l 的直角坐标方程；（2）利用参数方程表示出 C 上点的坐标，根据点到直线距离公式可将所求距离表示为三角函数的形式，从而根据三角函数的范围可求得最值．

解：（1）由 $x=\dfrac{1-t^2}{1+t^2}$ 得 $t^2=\dfrac{1-x}{1+x}\geqslant 0,x\in(-1,1]$，又因为 $y^2=\dfrac{16t^2}{(1+t^2)^2}$，所以 $y^2=$

$$\dfrac{16\times\dfrac{1-x}{1+x}}{\left(1+\dfrac{1-x}{1+x}\right)^2}=4(1+x)(1-x)=4-4x^2，整理可得 C 的直角坐标方程为 x^2+\dfrac{y^2}{4}=1，$$

$x\in(-1,1]$，又因为 $x=\rho\cos\theta,y=\rho\sin\theta$，所以 l 的直角坐标方程为 $2x+\sqrt{3}y+11=0$．

（2）设 C 上点的坐标为 $(\cos\theta,2\sin\theta)$，则 C 上的点到直线 l 的距离可以表示为

$$d=\dfrac{\left|2\cos\theta+2\sqrt{3}\sin\theta+11\right|}{\sqrt{7}}=\dfrac{\left|4\sin\left(\theta+\dfrac{\pi}{6}\right)+11\right|}{\sqrt{7}}，当 \sin\left(\theta+\dfrac{\pi}{6}\right)=-1 时，d 取最小值，则$$

$d_{\min}=\sqrt{7}$．

【方法总结】

（1）参数法求轨迹方程，关键有两点：一是选参，容易表示出动点；二是消参，消参的途径灵活多变．

（2）例 3 求解最值问题通常采用参数方程来表示曲线上的点，将问题转化为三角函数的最值求解问题．求符合某种条件的动点的轨迹方程，其实质就是利用题设中的几何条件，通过"坐标互化"将其转化为寻求变量间的关系．在确定轨迹方程之后，有时会就方程中的参数进行讨论，参数取值的变化使方程表示不同的曲线，参数取值的不同使其与其他曲线的位置关系不同，参数取值的变化引起另外某些变量的取值范围的变化，等等．

【变式练习】

变式练习 1　动直线 $y=kx+1$ 与 y 轴交于点 A，与抛物 $y^2=x-3$ 交于不同的两点 B 和 C，且满足 $\overrightarrow{BP}=\lambda\overrightarrow{PC},\overrightarrow{AB}=\lambda\overrightarrow{AC}$，其中 $\lambda\in\mathbf{R}$．求 $\triangle POA$ 的重心 Q 的轨迹．

解：由 $\begin{cases}y=kx+1,\\ y^2=x-3\end{cases}$ 得 $k^2x^2+(2k-1)x+4=0$，由 $\begin{cases}k\neq 0,\\ \Delta>0\end{cases}$ 得 $-\dfrac{1}{2}<k<\dfrac{1}{6}$ 且 $k\neq 0$．设 $P(x',y'),B(x_1,y_1),C(x_2,y_2)$，则 $x_1+x_2=\dfrac{1-2k}{k^2},x_1\cdot x_2=\dfrac{4}{k^2}$．

由 $\overrightarrow{BP}=\lambda\overrightarrow{PC}\Rightarrow(x'-x_1,y'-y_1)=\lambda(x_2-x',y_2-y')\Rightarrow x'-x_1=\lambda(x_2-x').$

由 $\overrightarrow{AB}=\lambda\overrightarrow{AC}\Rightarrow(x_1,y_1-1)=\lambda(x_2,y_2-1)\Rightarrow x_1=\lambda x_2.$

因为 $\lambda\neq0$，所以 $\dfrac{x'-x_1}{x_1}=\dfrac{x_2-x'}{x_2}\Rightarrow x'=\dfrac{2x_1x_2}{x_1+x_2}=\dfrac{8}{1-2k}\Rightarrow y'=kx'+1=\dfrac{8k}{1-2k}+1=$

$\dfrac{6k+1}{1-2k}$，消去 k 得 $x'-2y'-6=0.$ 设重心 $Q(x,y)$，则 $\begin{cases}x=\dfrac{x'}{3}\\ y=\dfrac{y'+1}{3}\end{cases}\Rightarrow\begin{cases}x'=3x,\\ y'=3y-1,\end{cases}$ 代入式得

$3x-6y-4=0.$

$-\dfrac{1}{2}<k<\dfrac{1}{6}$ 且 $k\neq0\Rightarrow4<x'<12$ 且 $x'\neq8\Rightarrow\dfrac{4}{3}<x<4$ 且 $x\neq\dfrac{8}{3}.$

故点 Q 的轨迹方程是 $3x-6y-4=0\left(\dfrac{4}{3}<x<4\text{ 且 }x\neq\dfrac{8}{3}\right)$，其轨迹是直线 $3x-6y-$

$4=0$ 上且不包括点 $A\left(\dfrac{4}{3},0\right)$、点 $B\left(4,\dfrac{4}{3}\right)$、点 $C\left(\dfrac{8}{3},\dfrac{2}{3}\right)$ 的线段.

变式练习2 在平面直角坐标系 xOy 中，抛物线 $y=x^2$ 上异于坐标原点 O 的两不同动点 A,B 满足 $AO\perp BO.$ 求 $\triangle AOB$ 的重心 G（即三角形三条中线的交点）的轨迹方程.

解：以 OA 的斜率 k 为参数，由 $\begin{cases}y=kx\\ y=x^2\end{cases}$ 解得 $A(k,k^2).$ 因为 $OA\perp OB$，所以 OB 所在直

线方程为 $y=-\dfrac{1}{k}x$，由 $\begin{cases}y=-\dfrac{1}{k}x,\\ y=x^2\end{cases}$ 解得 $B\left(-\dfrac{1}{k},\dfrac{1}{k^2}\right).$ 设 $\triangle AOB$ 的重心 $G(x,y)$，则

$\begin{cases}x=\dfrac{1}{3}\left(k-\dfrac{1}{k}\right),\\ y=\dfrac{1}{3}\left(k^2+\dfrac{1}{k^2}\right),\end{cases}$ 消去参数 k 得重心 G 的轨迹方程为 $y=3x^2+\dfrac{2}{3}.$

变式练习3 （角参数）在圆 $x^2+y^2=4$ 上，有一定点 $A(2,0)$ 和两动点 $B,C(A,B,C$ 按逆时针排列），当 B,C 两点保持 $\angle BAC=\dfrac{\pi}{3}$ 时，求 $\triangle ABC$ 的重心的轨迹.

解： 连接 OB,OC，因为 $\angle BAC=\dfrac{\pi}{3}$，所以 $\angle BOC=\dfrac{2\pi}{3}.$ 设 $B(2\cos\theta,$

$2\sin\theta)\left(0<\theta<\dfrac{4\pi}{3}\right)$，则 $C\left(2\cos\left(\theta+\dfrac{2\pi}{3}\right),2\sin\left(\theta+\dfrac{2\pi}{3}\right)\right).$ 设重心 $G(x,y)$，则

$$\begin{cases}x=\dfrac{1}{3}\left[2+2\cos\theta+2\cos\left(\theta+\dfrac{2\pi}{3}\right)\right],\\ y=\dfrac{1}{3}\left[0+2\sin\theta+2\sin\left(\theta+\dfrac{2\pi}{3}\right)\right],\end{cases}$$

即 $\begin{cases} x = \dfrac{2}{3}\left[1 + \cos\left(\theta + \dfrac{\pi}{3}\right)\right] \\ y = \dfrac{2}{3}\sin\left(\theta + \dfrac{\pi}{3}\right) \end{cases} \Rightarrow \begin{cases} \dfrac{3}{2}x - 1 = \cos\left(\theta + \dfrac{\pi}{3}\right), \\ \dfrac{3}{2}y = \sin\left(\theta + \dfrac{\pi}{3}\right), \end{cases}$ $\theta + \dfrac{\pi}{3} \in \left(\dfrac{\pi}{3}, \dfrac{5\pi}{3}\right)$，所以 $\left(\dfrac{3}{2}x - 1\right)^2$

$+ \left(\dfrac{3}{2}y\right)^2 = 1\left(x < \dfrac{1}{2}\right)$，即 $\left(x - \dfrac{2}{3}\right)^2 + y^2 = \dfrac{4}{9}\left(x < \dfrac{1}{2}\right)$.

注：要注意参数 θ 的范围，$\theta + \dfrac{\pi}{3} \in \left(\dfrac{\pi}{3}, \dfrac{5\pi}{3}\right)$，它是一个旋转角，因此最终的轨迹是一段圆弧，而不是一个圆.

第七节　交轨法

若动点是两条曲线的交点，可以通过这两条曲线的方程直接求出交点的方程，也可以解方程组先求出交点的参数方程，再化为普通方程.

例1　已知 EF 是椭圆 $\dfrac{x^2}{a^2} + \dfrac{y^2}{b^2} = 1$ 中垂直于长轴的动弦，A,B 是椭圆长轴的两个端点，求直线 EA 和 FB 的交点 P 的轨迹方程.

解法1（利用点的坐标作参数）：令 $E(x_1, y_1)$，则 $F(x_1, -y_1)$，而 $A(-a, 0), B(a, 0)$. 设 AE 与 FB 的交点为 $P(x, y)$. 因为 A, E, P 共线，所以 $\dfrac{y}{x + a} = \dfrac{y_1}{x_1 + a}$，又因为 F, B, P 共线，所以 $\dfrac{y}{x - a} = -\dfrac{y_1}{x_1 - a}$，两式相乘得 $\dfrac{y^2}{x^2 - a^2} = \dfrac{-y_1^2}{x_1^2 - a^2}$，而 $\dfrac{x_1^2}{a^2} + \dfrac{y_1^2}{b^2} = 1$，即 $y_1^2 = \dfrac{b^2(a^2 - x_1^2)}{a^2}$，代入可得 $\dfrac{y^2}{x^2 - a^2} = \dfrac{b^2}{a^2}$，即交点 P 的轨迹方程为 $\dfrac{x^2}{a^2} - \dfrac{y^2}{b^2} = 1$.

解法2（利用角作参数）：设 $E(a\cos\theta, b\sin\theta)$，则 $F(a\cos\theta, -b\sin\theta)$，所以 $\dfrac{y}{x + a} = \dfrac{b\sin\theta}{a\cos\theta + a}$，$\dfrac{y}{x - a} = -\dfrac{b\sin\theta}{a\cos\theta - a}$，两式相乘消去 θ，即可得所求的 P 点的轨迹方程为 $\dfrac{x^2}{a^2} - \dfrac{y^2}{b^2} = 1$.

例2　抛物线 $y^2 = 4px(p > 0)$ 的顶点作互相垂直的两弦 OP, OQ，求抛物线的顶点 O 在直线 PQ 上的射影 C 的轨迹.

解：点 P, Q 在抛物线 $y^2 = 4px(p > 0)$ 上，设 $P\left(\dfrac{y_P^2}{4p}, y_P\right), B\left(\dfrac{y_Q^2}{4p}, y_Q\right)$，所以 $k_{OP} = \dfrac{4p}{y_P}$，$k_{OQ} = \dfrac{4p}{y_Q}$，由 OP 垂直 OQ 得 $k_{OP}k_{OQ} = -1$，从而得 $y_P y_Q = -16p^2$，因为 PQ 所在直线的方程为 $y - y_P = \dfrac{y_P - y_Q}{\dfrac{y_P^2}{4p} - \dfrac{y_Q^2}{4p}}\left(x - \dfrac{y_P^2}{4p}\right)$，即 $(y_P + y_Q)y - 4px - y_P y_Q = 0$，把 $y_P y_Q = -16p^2$ 代入得 $(y_P +$

$y_Q)y-4px-y_Py_Q=0$,又因为 OC 的方程为 $y=\dfrac{y_P+y_Q}{-4P}x$,消去得 y_P+y_Q 得 $x^2+y^2-4px=0$,即 $(x-2p)^2+y^2=4p^2$. 所以点 C 的轨迹方程为 $(x-2p)^2+y^2=4p^2$,其轨迹是以 $(2p,0)$ 为圆心,半径为 $2p$ 的圆,除去点 $(0,0)$.

例 3 如图 3-9 所示,椭圆 $C_1:\dfrac{x^2}{a^2}+\dfrac{y^2}{b^2}=1(a>b>0,a,b$ 为常数),动圆 $C_2:x^2+y^2=t_1^2$, $b<t_1<a$. 点 A_1,A_2 分别为 C_1 的左、右顶点,C_2 与 C_1 相交于 A,B,C,D 四点.

(1)求直线 A_2B 与直线 AA_1 交点 Q 的轨迹方程;

(2)设动圆 $C_3:x^2+y^2=t_2^2$ 与 C_1 相交于 A_3,B_1,C_1,D_1 四点,其中 $b<t_2<a,t_1\neq t_2$,若矩形 $ABCD$ 与矩形 $A_3B_1C_1D_1$ 的面积相等,证明:$t_1^2+t_2^2$ 为定值.

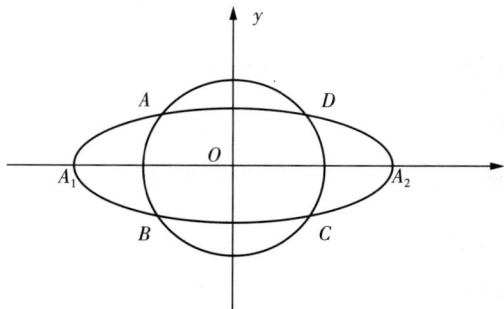

图 3-9 例 3 的示意图

解:(1)设 $A(x_1,y_1),B(x_1,-y_1)$,又知 $A_1(-a,0),A_2(a,0)$,直线 A_2B 的方程为 $y=\dfrac{-y_1}{x_1-a}(x-a)$①,则直线 A_1A 的方程为 $y=\dfrac{y_1}{x_1+a}(x+a)$②,由 ①② 得 $y^2=\dfrac{-y_1^2}{x_1^2-a^2}(x^2-a^2)$③,由点 $A(x_1,y_1)$ 在椭圆 C_1 上,故 $\dfrac{x_1^2}{a^2}+\dfrac{y_1^2}{b^2}=1$,从而 $y_1^2=b^2\left(1-\dfrac{x_1^2}{a^2}\right)$ 代入 ③ 得 $\dfrac{x^2}{a^2}-\dfrac{y^2}{b^2}=1(x<-a,y<0)$.

(2)证明:设 $A_3(x_2,y_2)$,由矩形 $ABCD$ 与矩形 $A_3B_1C_1D_1$ 的面积相等,得 $4|x_1||y_1|=4|x_2||y_2|$,故 $x_1^2y_1^2=x_2^2y_2^2$. 因为点 A、点 A_3 均在椭圆上,所以 $b^2x_1^2\left(1-\dfrac{x_1^2}{a^2}\right)=b^2x_2^2\left(1-\dfrac{x_2^2}{a^2}\right)$. 由 $t_1\neq t_2$ 可知,$x_1\neq x_2$,所以 $x_1^2+x_2^2=a^2$,从而 $y_1^2+y_2^2=b^2$,因此 $t_1^2+t_2^2=a^2+b^2$ 为定值.

注:例 3 主要考查了解析几何的基本思想和方法,如数形结合思想、坐标化方法等.

【方法总结】

用交轨法求交点的轨迹方程时,不一定非要求出交点坐标,只要能消去参数,得到交点的两个坐标间的关系即可．交轨法实际上是参数法中的一种特殊情况．

【变式练习】

变式练习 1　两条直线 $ax+y+1=0$ 和 $x-ay-1=0(a\neq\pm1)$ 的交点的轨迹方程是

_____．

答案　$x^2+y^2-x+y=0(x\neq0,y\neq0)$.

第八节　几何法

求动点轨迹问题时,动点的几何特征与平面几何中的定理及有关平面几何知识有着直接或间接的联系,且利用平面几何的知识得到包含已知量和动点坐标的等式,化简后就可以得到动点的轨迹方程,这种求轨迹方程的方法称作几何法．

例 1　如图 3-10 所示,已知两定点 $A(-6,0),B(2,0),O$ 为原点,动点 P 所在的直线 OP 是 $\triangle ABP$ 的角平分线,求动点 P 的轨迹方程．

解:设 $P(x,y)$,由题知 $\angle APO=\angle BPO$,由三角形角平分线定理有 $\dfrac{\mid PA\mid}{\mid PB\mid}=\dfrac{\mid AO\mid}{\mid BO\mid}$,所以 $\dfrac{\sqrt{(x+6)^2+y^2}}{\sqrt{(x-2)^2+y^2}}=3$,整理得 $x^2+y^2-6x=0$,当 $x=0$ 时,$y=0$,P 和 O 重合,无意义,所以 $x\neq0$. 又易知 P 落在 x 轴上时,除线段 AB 以外的任何点均有 $\angle APO=\angle BPO=0°$,所以 $y=0(x<-6$ 或 $x>2$) 也满足要求．

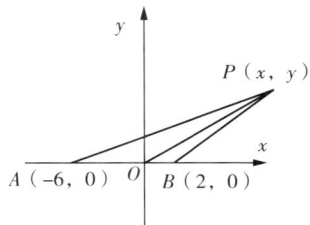

图 3-10　例 1 的示意图

综上,轨迹方程为 $x^2+y^2-6x=0(x\neq0)$ 或 $y=0(x<-6$ 或 $x>2$).

例 2　已知圆 O 的圆心在直线 $x-2y+4=0$ 上,且与 x 轴交于两点 $A(-5,0),B(1,0)$.

(1) 求圆 O 的方程;

(2) 求过点 $C(-5,2)$ 的圆 O 的切线方程．

分析:(1)先联立直线 AB 的中垂线方程与直线方程 $x-2y+4=0$,求出交点的坐标即圆心 O 的坐标,然后再计算出 $r=\mid OA\mid$,最后就可写出圆 O 的标准方程;(2)求过点的圆的切线方程问题,先判断点 C 在圆 O 上还是在圆 O 外,若点 C 在圆 O 上,则所求直线的斜率为 $-\dfrac{1}{k_{OC}}$,由点斜式即可写出切线的方程,若点 C 在圆 O 外,则可设切线方程为 $y-2=k(x+5)$(此时注意验证斜率不存在的情形),然后由圆心 O 到切线的距离等于半径,求出 k 即可求出切线的方程．

解：（1）因为圆 O 与 x 轴交于两点 $A(-5,0)$，$B(1,0)$，所以圆心在直线 $x=-2$ 上，由 $\begin{cases} x=-2, \\ x+2y-4=0 \end{cases}$ 得 $\begin{cases} x=-2, \\ y=1, \end{cases}$ 即圆心 O 的坐标为 $(-2,1)$，半径 $r=\sqrt{3^2+1^2}=\sqrt{10}$，所以圆 O 的方程为 $(x+2)^2+(y-1)^2=10$.

（2）由点 C 的坐标可知点 C 在圆 O 上，由 $k_{\infty}=-\dfrac{1}{3}$ 可知切线的斜率为 3，故过点 $C(-5,2)$ 的圆 O 的切线方程为 $3x-y+17=0$.

例 3 圆经过点 $A(-3,2)$ 和 $B(-5,-2)$.

（1）若圆的面积最小，求圆的方程；

（2）若圆心在直线 $3x-y-2=0$ 上，求圆的方程.

分析：（1）根据当 AB 为圆的直径时，圆的面积最小，由此可求出圆心（即线段 AB 的中点）坐标以及圆的半径，即可得出圆的方程.

（2）求出线段 AB 的中垂线方程，将该方程与直线 $3x-y-2=0$ 联立得出圆心的坐标，根据两点间的公式计算圆心到点 A（或点 B）的距离作为半径，由此可得出圆的方程.

解：（1）要使圆的面积最小，则 AB 为圆的直径，则圆心为线段 AB 的中点 $(-4,0)$，圆的半径为 $\sqrt{(2-0)^2+(-3+4)^2}=\sqrt{5}$，因此，所求的圆的方程为 $(x+4)^2+y^2=5$.

（2）因为 $k_{AB}=2$，线段 AB 中点为 $(-4,0)$，所以 AB 中垂线方程为 $y=-\dfrac{1}{2}(x+4)$，即 $x+2y+4=0$，解方程组 $\begin{cases} x+2y+4=0, \\ 3x-y-2=0, \end{cases}$ 得 $\begin{cases} x=0, \\ y=-2, \end{cases}$ 所以圆心为 $(0,-2)$，根据两点间的距离公式，得半径 $r=5$，因此，所求的圆的方程为 $x^2+(y+2)^2=25$.

例 4 如图 3-11 所示，已知椭圆 $C:\dfrac{x^2}{a^2}+\dfrac{y^2}{b^2}=1(a>b>0)$ 的左、右焦点分别为 F_1，F_2，点 A 为椭圆 C 上任意一点，A 关于原点 O 的对称点为 B，有 $|AF_1|+|BF_2|=4$，且 $\angle F_1AF_2$ 的最大值为 $\dfrac{\pi}{3}$.

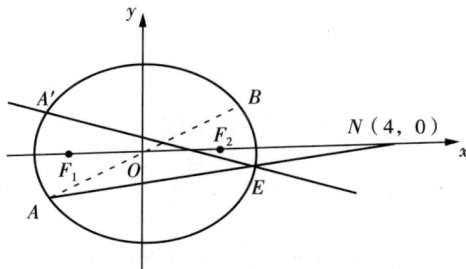

图 3-11 例 4 的示意图

(1) 求椭圆 C 的标准方程;

(2) 若 A' 是 A 关于 x 轴的对称点,设点 $N(4,0)$,连接 NA 与椭圆 C 相交于点 E,问直线 $A'E$ 与 x 轴是否交于一定点. 如果是,求出该定点坐标;如果不是,说明理由.

解: (1) 因为点 A 为椭圆上任意一点,A 关于原点 O 的对称点为 B,所以 $|AF_1|=|BF_2|$,又因为 $|AF_1|+|BF_1|=4$,解得 $|BF_2|+|BF_1|=2a=4$,所以 $a=2$. 又因为 $\angle F_1AF_2$ 的最大值为 $\frac{\pi}{3}$ 可知,当 A 为上顶点时,$\angle F_1AF_2$ 最大,推得 $a=2c$,所以 $c=1$,所以 $b^2=a^2-c^2=3$,所以椭圆 C 的标准方程为 $\frac{x^2}{4}+\frac{y^2}{3}=1$.

(2) 由题知直线 NA 的斜率存在,设直线 NA 的方程为 $y=k(x-4)$. 由
$$\begin{cases} y=k(x-4), \\ \dfrac{x^2}{4}+\dfrac{y^2}{3}=1 \end{cases}$$
消去 y 并整理得 $(4k^2+3)x^2-32k^2x+64k^2-12=0$. 因为直线 NA 与椭圆交于 N,A 两点,所以 $\Delta=(-32k^2)^2-4(4k^2+3)(64k^2-12)>0$,解得 $-\frac{1}{2}<k<\frac{1}{2}$. 设 $A(x_1,y_1)$,$E(x_2,y_2)$,则 $A'(x_1,-y_1)$,且 $x_1+x_2=\frac{32k^2}{4k^2+3}$,$x_1x_2=\frac{64k^2-12}{4k^2+3}$,由题意得,直线 $A'E$ 的方程为 $y-y_2=\frac{y_2+y_1}{x_2-x_1}(x-x_2)$,令 $y=0$ 得 $x=x_2-\frac{y_2(x_2-x_1)}{(y_2+y_1)}$,将 $y_1=k(x_1-4)$,$y_2=k(x_2-4)$ 代入上式整理得 $x=\frac{2x_1x_2-4(x_1+x_2)}{x_1+x_2-8}$,即 $x=\frac{2\times\frac{64k^2-12}{4k^2+3}-4\times\frac{32k^2}{4k^2+3}}{\frac{32k^2}{4k^2+3}-8}=1$,所以直线 $A'E$ 与 x 轴交于定点 $Q(1,0)$.

【方法总结】

(1) 利用平面几何的知识求轨迹的方程,既方便又实用.

(2) 在涉及圆心位置以及圆的半径这两个要素时,可充分利用连心线,在涉及圆内问题时,可充分利用垂径定理.

(3) 解答解析几何问题的方法是把题目信息坐标化,然后通过代数运算达到求解的目的,由于在解题中需要用到大量的计算,所以采取相应的措施以减少计算量,如"设而不求""整体代换"等方法的利用.

(4) 解决定点问题时,可根据题意选择参数,建立一个直线系或曲线系方程,而该方程与参数无关,故得到一个关于定点坐标的方程组,以这个方程组的解为坐标的点即所求定点.

【变式练习】

变式练习 1　如图 3-12 所示,已知 F_1,F_2 是椭圆 $T:\dfrac{x^2}{a^2}+\dfrac{y^2}{b^2}=1(a>b>0)$ 的左、右焦点,P 是椭圆 T 上任意一点,过 F_2 作 $\angle F_1PF_2$ 的外角的角平分线的垂线,垂足为 Q,则点 Q 的轨迹为(　　).

A. 直线　　　　　　B. 圆　　　　　　C. 椭圆　　　　　　D. 抛物线

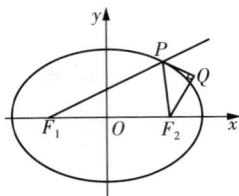

图 3-12　变式练习 1 的示意图

解:延长 F_2Q 与 F_1P 的延长线交于点 M,连接 OQ,如图 3-13 所示.因为 PQ 是 $\angle F_1PF_2$ 的外角的角平分线,且 $PQ\perp F_2M$,所以在 $\triangle PF_2M$ 中,$|PF_2|=|PM|$,且 Q 为线段 F_2M 的中点.又因为 O 为线段 F_1F_2 的中点,由三角形的中位线定理,得 $|OQ|=\dfrac{1}{2}|F_1M|=\dfrac{1}{2}\big(|PF_1|+|PF_2|\big)$.由椭圆的定义,得 $|PF_1|+|PF_2|=2a$,所以 $|OQ|=a$,可得点 Q 的轨迹方程为 $x^2+y^2=a^2$,所以点 Q 的轨迹为以原点为圆心,半径为 a 的圆.

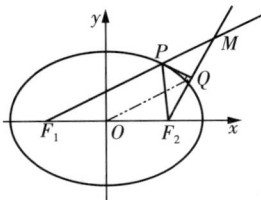

图 3-13　变式练习 1 答案的示意图

变式练习 2　已知抛物线 $C:y^2=2px(p>0)$ 的准线方程为 $x=-\dfrac{1}{2}$,F 为抛物线的焦点.

(1) 求抛物线 C 的方程;

(2) 若 P 是抛物线 C 上一点,点 A 的坐标为 $\left(\dfrac{7}{2},2\right)$,求 $|PA|+|PF|$ 的最小值;

(3) 若过点 F 且斜率为 1 的直线与抛物线 C 交于 M,N 两点,求线段 MN 的中点坐标.

解:(1) 因为准线方程为 $x=-\dfrac{1}{2}$,得 $p=1$,所以抛物线 C 的方程为 $y^2=2x$.

(2) 过点 P 作准线的垂线,垂直为 B,则 $|PB|=|PF|$,要使 $|PA|+|PF|$ 的值最小,则 P,A,B 三点共线,此时 $|PA|+|PF|=\frac{7}{2}+\frac{1}{2}=4$,

(3) 直线 MN 的方程为 $y=x-\frac{1}{2}$,设 $M(x_1,y_1),N(x_2,y_2)$,把 $y=x-\frac{1}{2}$ 代入抛物线方程 $y^2=2x$,得 $x^2-3x+\frac{1}{4}=0$,因为 $\Delta=9-4\times1\times\frac{1}{4}=8>0$,所以 $x_1+x_2=3$,$\frac{x_1+x_2}{2}=\frac{3}{2}$,线段 MN 中点的横坐标为 $\frac{3}{2}$,纵坐标为 $\frac{3}{2}-\frac{1}{2}=1$,线段 MN 中点的坐标为 $\left(\frac{3}{2},1\right)$.

结　束　语

我们为什么要归纳解题方法,并如此重视,是因为方法就是解题方向.找到了解题方法,就找到了解题思路,节省了思考的时间,提高了解题速度和准确度.

任何方法都体现在解题过程中,都是以题目为载体的.对同一类型的题目进行归纳,总结出共有的方法,可以避免题海战术,提高学习效率,正所谓题海无涯,方法有限.

一种方法可以解决许多题目,同样,一个题目也可能综合多种方法才能解决,因此,要具体问题具体分析.